SPRACHWISSENSCHAFTLICHE
STUDIENBÜCHER

ELFIE POULAIN

Einführung in die Literaturpragmatik

mit einer Beispielanalyse
von Franz Kafkas Roman
Der Prozess

Universitätsverlag
WINTER
Heidelberg

Bibliografische Information der Deutschen Nationalbibliothek

Die Deutsche Nationalbibliothek verzeichnet diese Publikation
in der Deutschen Nationalbibliografie;
detaillierte bibliografische Daten sind im Internet
über *http://dnb.d-nb.de* abrufbar.

UMSCHLAGBILD

*»Sprache sagt nicht nur sich selbst aus,
sondern auch ebensoviel über den,
der sie gebraucht«*
Zitat von Siegfried Lenz,
»Der Künstler als Mitwisser«, in »Beziehungen«

ISBN 978-3-8253-6484-7

Dieses Werk einschließlich aller seiner Teile ist urheberrechtlich geschützt. Jede Verwertung außerhalb der engen Grenzen des Urheberrechtsgesetzes ist ohne Zustimmung des Verlages unzulässig und strafbar. Das gilt insbesondere für Vervielfältigungen, Übersetzungen, Mikroverfilmungen und die Einspeicherung und Verarbeitung in elektronischen Systemen.

© 2015 Universitätsverlag Winter GmbH Heidelberg
Imprimé en Allemagne · Printed in Germany
Druck: Memminger MedienCentrum, 87700 Memmingen

Gedruckt auf umweltfreundlichem, chlorfrei gebleichtem
und alterungsbeständigem Papier

Den Verlag erreichen Sie im Internet unter:
www.winter-verlag.de

Inhaltsverzeichnis

Einleitung: Sprachpragmatik und Literaturtheorie 7

1 Die Grundzüge der Pragmatik 19
    1.1 Das pragmatische Dreieck 19
    1.2 Die Sprechakte 23
    1.3 Die kommunikative Intention und das Unausgesprochene 27
    1.4 Die soziale Interaktion und der Kontext 30
    1.5 Die kommunikative Kompetenz 33

2 Rolle und Status der Literatur 37
    2.1 Die virtuelle Welt des Romans 37
    2.2 Die mimetische Funktion der Literatur 40
    2.3 Die kognitive Funktion der Literatur 43
    2.4 Die pragmatische Frage nach der Referenz 45
    2.5 Literarische Sprache und Alltagssprache 48
    2.6 Die Romangestalten 51

3 Methodologische Begriffe zur Literaturpragmatik 55
    3.1 Der Sprecher in der literarischen Erzählung 55
    3.2 Die pragmatische Frage nach dem « Ich »
        als Äußerungsinstanz 60
    3.3 Die Referenz und die Überdeterminierung
        der literarischen Aussagen 64
    3.4 Die Bewusstseinsdarstellung des Adressaten
        in der literarischen Erzählung 69
    3.5 Die anthropologische Struktur des Bewusstseins 76

4 Pragmatische Analyse des Romans *Der Proceß*
   von Franz Kafka 81
    4.1 Die pragmatische Fragestellung 81
    4.2 Die mutmaßliche Unschuld von Josef K. 83
    4.3 Die Wege des Zweifels von Josef K. 88
    4.4 Der erbitterte Kampf von Josef K. 92

Schlussfolgerung: Von der Textpragmatik zur anthropologischen Struktur
des Bewusstseins 99
Bibliographie 105

Einleitung: Sprachpragmatik und Literaturtheorie

In der vorliegenden Studie soll der Frage nachgegangen werden, wie und inwieweit die Erkenntnisse der Sprachpragmatik einen methodologischen Zugang für die Interpretation von literarischen Texten bieten können. Mit Literatur werden fiktionale Texte verstanden, wobei ein besonderes Augenmerk der Prosa und dem Roman gilt. Gerade der Roman als dominierende Gattung zeitgenössischen Erzählens veranschaulicht beispielhaft Sprech- und Handlungssituationen, die das zentrale Anliegen pragmatischer Forschung ausmachen, deren Grundzüge im folgenden Kapitel aufgezeigt werden sollen. Die Sprachpragmatik analysiert konkrete Situationen der Kommunikation und der sozialen Interaktion, denen Regeln und Absichten zugrunde liegen und die sprachliche oder auch nicht-sprachliche Reaktionen der Kommunikationspartner zur Folge haben. Im Bereich der Literatur können dafür stellvertretend die Romangestalten in der Interaktion ihrer fiktionalen Welt stehen.

Nun kann man einwenden, dass sich hier zwei grundverschiedene, unvereinbare Welten gegenüberstehen. Die Pragmatik bezieht sich auf die historische Realität und auf die « alltägliche » Sprache, die Literatur hingegen verweist auf eine frei erfundene, vom Autor erschaffene eigene Welt der Irrealität, die an der außersprachlichen Realität nicht überprüfbar ist, obgleich auch Orte und Sachverhalte in die nicht-textuelle Wahrheit mit einbezogen werden können. « Fiktion und Wirklichkeit » werden immer wieder « als ein Oppositionspaar» begriffen, « während der Sache nach durch Fiktion eher etwas darüber ausgesagt wird, was die herrschenden Systeme ausklammern und folglich nicht in die von ihnen organisierte Lebenswelt einzubringen vermögen. » Unter diesem Aspekt ist sie dann « nicht mehr deren Opposition, sondern deren Kommunikation»[1]. Nichtsdestoweniger sind die für die Pragmatik notwendigen situativen Rahmenbedingungen von unmittelbarem Raum und gegenwärtiger Zeit in den Interaktionen des fiktionalen Diskurses nicht gegeben. Kennzeichnend für die Literatur ist ja gerade die räumliche und zeitliche Distanz, die Produktion und Rezeption der Zeichen voneinander trennt.[2] Das vom Autor hervorgebrachte

---

[1] Siehe Wolfgang ISER: *Der Akt des Lesens,* Wilhelm Fink, UTB, München 1976, S. 122. Siehe hierzu die folgenden Ausführungen in II. Rolle und Status der Literatur.
[2] Ich verweise auf die grundlegenden Analysen im Bereich der Erzähltheorien; vgl. Jochen VOGT in *Aspekte erzählender Prosa. Eine Einführung in Erzähltechnik und*

literarische Werk kann vom Leser jederzeit an einem Ort und in einer Zeit aktualisiert werden, die von der Produktion weit entfernt sind.[3] Hieraus folgt, dass das Eigentliche der literarischen Sprache, und d.h. des fiktionalen Diskurses schlechthin, gerade auf dem Gegenteil des pragmatischen Diskurses der Alltagssprache beruht, nämlich auf einer Entpragmatisierung oder Entkontextualisierung. Dem ist so, weil die im fiktionalen Diskurs dargestellten Interaktionen außerhalb des alltäglichen Lebens liegen und einer aus Worten geschaffenen Welt, einer Sprachwelt, angehören. Nichtsdestoweniger, so Wolfgang Iser, müssen Fiktion und Wirklichkeit als ein « Mitteilungsverhältnis begriffen werden », insofern als « Fiktion uns etwas über Wirklichkeit »[4] mitteilt, und dieses Mitteilen geschieht als Darstellung von Sprachhandlungen und kommunikativem Handeln auf fiktionaler Ebene. Wolfgang Iser schreibt:

> Die von ihr [Philosophie der normalen Sprache *(ordinary language philosophie)*] entwickelten Vorstellungen – obwohl nicht für fiktionale Texte gedacht – können als Ausgansüberlegungen für einen Zugang zum pragmatischen Charakter fiktionaler Texte dienen. Denn die aus der Philosophie der normalen Sprache abgeleitete Sprechakttheorie versucht die Bedingungen zu beschreiben, die das Gelingen der Sprachhandlung gewährleisten. Um solche Bedingungen geht es auch in der Lektüre fiktionaler Texte, die insofern eine Sprachhandlung bewirken, als im Lesen eine Verständigung mit dem Text bzw. über den Text mit dem, was er zu vermitteln bestrebt ist, gelingen sollten aber auch mißlingen kann.[5]

Dennoch bleibt festzuhalten, dass der fiktionalen Rede der notwendige Situationsbezug fehlt, wenn die Frage in Bezug auf die Kommunikation zwischen Text und Leser gestellt wird. Hier sind der Anwendung des Modells der Sprechakte Grenzen gesetzt. Ist es trotzdem möglich, die Erkenntnisse und Vorgehensweisen der pragmatischen Analysen zur Interpretation fiktionaler Texte heranzuziehen? Die vorliegende Arbeit unternimmt den Versuch, das Modell der Sprechakttheorie auf die Immanenz des fiktionalen Textes zu beziehen. Die Textanalyse konzentriert sich hier auf die innerhalb des fiktional

---

Romantheorie (1972), 8.Auflage, Westdeutscher Verlag, Opladen/Wiesbaden 1998; hier insbesondere « Drittes Kapitel: Die Zeit der Erzählung », S. 95–142. J. Vogt bezieht sich auf die « traditionellen » Erzähltheorien (Franz K. Stanzel, Käte Hamburger, Eberhard Lämmert) und integriert die gegenwärtig im deutschen, französischen, englischen und amerikanischen Sprachraum publizierten Beiträge zur Erzähltheorie.
Siehe auch Paul RICŒUR: *Zeit und Erzählung,* 3 Bände, Fink, München 1988; Harald WEINRICH: *Tempus. Besprochene und erzählte Zeit,* Kohlhammer, Stuttgart 1971.
[3] Vgl. Hierzu die bedeutenden Arbeiten zur Produktions- und Rezeptionsästhetik, u.a., Karlheinz STIERLE : *Text als Handlung,* UTB Fink, München 1975; Wolfgang ISER: *Der Akt des Lesens,* a.a.O.; Hans Robert Jauss: *Ästhetische Erfahrung und literarische Hermeneutik,* Fink Verlag, München 1977; sowie Umberto ECO: *Das offene Kunstwerk,* Suhrkamp, Frankfurt a.M. 1973; *Semiotik und Philosophie der Sprache,* Fink, München 1985; *Lector in fabula. Die Mitarbeit der Interpretation in erzählenden Texten,* Deutscher Taschenbuch, München 1990*; Zwischen Text und Autor,* Hanser, München 1994.
[4] Wolfgang ISER: *Der Akt des Lesens*, a. a. O., S. 88.
[5] Ibid., « Das Modell der Sprechakte », S. 89.

abgesteckten literarischen Rahmens geschilderte soziale Interaktion und Kommunikation, was erlaubt, den fiktionalen situativen Kontext der Äußerungen als konstitutive Bedingungen zum Gelingen bzw. Misslingen der Sprechakte mit einzubeziehen. Die « fiktionale Rede » stellt « Auffassungsbedingungen für die Vorstellungswelt bereit, die dann einen imaginären Gegenstand zu erzeugen vermag. Imaginär ist dieser Gegenstand insofern, als er nicht gegeben ist, sondern in der Vorstellung des Empfängers durch die Symbolorganisation des Textes hervorgebracht werden kann »[6]. Obgleich losgelöst von der Welt der historischen Realität, bewegen sich die Romanfiguren doch in einer Welt, die ebenso strukturiert ist wie die Alltagswelt des Autors und des Lesers. Darüber hinaus gibt es einen wesentlichen und gemeinsamen Nenner zwischen der Alltagswelt, auf die sich die pragmatischen Analysen beziehen, und der Welt der Literatur überhaupt: der Gebrauch des Zeichens bzw. der Sprache als Medium der Kommunikation und der Interaktion. In Anbetracht dieser Gemeinsamkeiten möchten wir der Frage nachgehen, welche Begriffe der pragmatischen Sprachanalyse zugrunde liegen und wie diese methodologisch zum Verständnis und zur Interpretation literarischer Texte herangezogen werden können. Der hier im Folgenden diskutierte pragmatische Zugang zur Literatur bezieht sich in diesem Sinne auf die innerhalb des Romans dargestellte Welt der Romangestalten und deren intersubjektive und kontextuelle Beziehungen. Daniel Bergez schreibt:

> Das literarische Kunstwerk, das der Welt der Sprache angehört, verlangt auf natürliche Weise nach einem Diskurs, der es legitimiert, kommentiert und erleuchtet.[7]

In diesem Zusammenhang stellt sich das Problem der Methode an sich. Der Literaturkritiker ist allem voran ein Leser, der öffentlich das Resultat seiner Lektüre vorlegt. Er trägt dazu bei, einen Autor kennenzulernen und die Neugier und das Interesse für dessen Werk zu wecken. Somit kann die Kritik als Einladung zur Lektüre begriffen werden, um anderen, vielleicht eiligeren oder weniger geschulten Lesern dazu zu verhelfen, einen schnelleren Zugang zu den Büchern und ein besseres oder reichhaltigeres Verständnis für sie zu finden. Doch wird die Kritik immer wieder kritisiert, und das auch von den Autoren selbst. Man wirft ihr vor, zu subjektiv oder zu dogmatisch zu sein, oder man klagt sie an, die Literatur zu einem kulturellen Vergnügungs- und Konsumobjekt zu degradieren. Man erinnere sich auch an einen gewissen Missbrauch, der in der Vergangenheit seitens der Kritiker betrieben wurde, die ihre Bewertungen vornehmlich in Zusammenhang mit der Biographie des Autors, der Zeitgeschichte und den Sitten vornahmen. Infolge ihres Übereifers wurde z.B. gegen Autoren wie Flaubert in Frankreich oder Hofmannsthal in Österreich ein

---

[6] Siehe Wolfgang ISER, *Der Akt des Lesens,* a.a.O., S. 106.
[7] Daniel BERGEZ: Vorwort zu *Méthodes critiques pour l'analyse littéraire [Kritische Methoden zur Literaturanalyse],* Nathan Université, Paris 2002, S. 1. (übersetzt von Elfie Poulain).

Prozess angestrengt, wobei die Autoren bezichtigt wurden, gegen die Moral und die Regeln des Anstands oder der Ehre verstoßen zu haben.

All dies hat dazu geführt, dass die Literaturkritik nach objektiveren, wissenschaftlich fundierten methodologischen Ansätzen gesucht hat, in denen kein Interdependenzverhältnis biographischer und interpretatorischer Elemente mehr vorliegt. Das 20. Jahrhundert ist auf diese Weise gleichsam zu einem Jahrhundert des Erprobens literarischer Methoden geworden. Im Zentrum stand dabei die ebenso einfache wie elementare Frage: was macht einen Text zu einem fiktionalen Text?[8] Der von Roman Jakobson[9] geprägte Begriff « Literarizität » bzw. «Poetizität » ist in diesem Zusammenhang ebenso zu nennen wie die formalen Schulen[10]. Man denke an den *Russischen Formalismus* (ab 1915) mit Theoretikern wie Jurij Lotman[11], Wladimir J. Propp[12] und Michail Bakhtin[13]. Das literarische Werk wurde als ein in sich geschlossenes Zeichensystem betrachtet, das sich durch seine Autonomie auszeichnet. Jakobson, der dann in die Vereinigten Staaten emigrierte, schloss sich dort dem *New Criticism* (zwischen 1930 und 1960) an, der dem russischen Formalismus nahekommt, und eine formale Textanalyse *(close reading)* fordert, bei der die soziale, psychologische und historische Perspektive beiseitegeschoben wird. Betont wurde die spezifische Besonderheit des literarischen Werkes und die Vielschichtigkeit des Textes sowie die semantische Überbestimmung eines sprachlichen Ausdrucks (in Sprache, Metaphern und Strukturen)[14]. In den 60er

---

[8] Vgl. etwa Roman INGARDEN: *Das literarische Kunstwerk,* 4. Auflage, Niemeyer, Tübingen 1972.

[9] Siehe Roman JAKOBSON: *Semiotik. Ausgewählte Texte 1919 – 1982,* hg. von Elmar Holenstein, Suhrkamp, Frankfurt a.M. 1988.

[10] In Verbindung mit der Sprachpragmatik werden im Folgenden insbesondere die erzähltheoretischen Ansätze zur Literaturinterpretation erwähnt. Die biographisch, psychologisch, psychoanalytisch und soziologisch orientierten Interpretationsverfahren können im Rahmen dieser Analyse nicht diskutiert werden. Vgl. u.a. Oliver SIMONS: *Literaturtheorien zur Einführung,* Hamburg, Junius 2009; Terry EAGLETON: *Einführung in die Literaturtheorie,* aus dem Engl. übersetzt von Elfi Bettinger und Elke Hentschel, Metzler Tb, Stuttgart 2012; Sabine BECKER: Literatur- und Kulturwissenschaften: ihre Methoden und Theorien, Rowohlt, Reinbek bei Hamburg 2007; Ingo BERENSMEYER: *Literary Theory: An Introduction to Approaches, Methods and Terms,* Klett, Stuttgart 2009; Tilmann KÖPPE/Simone WINKO: *Neuere Literaturtheorien. Eine Einführung,* Metzler, Stuttgart 2008.

[11] Siehe Jurj LOTMAN: *Die Struktur literarischer Texte,* übersetzt von Rolf-Dietrich Keil, Fink, München 1973.

[12] Siehe Vladimir J. PROPP: *Morphologie des Märchens (1969),* Hanser Verlag, München 1972.

[13] Michail BAKHTIN: *The dialogic imagination: four essays,* hg. von Michael Holquist, Austin: University of Texas Press 2008.

[14] Siehe Michael RIFATERRE: *Strukturale Stilistik,* List, München 1973; *Fictional Truth,* John Hopkins University, Baltimore und London 1990.

Jahren folgte dann der Strukturalismus mit Vertretern wie Greimas[15], der das Aktantenmodell aufstellt, sowie Ferdinand de Saussure[16], der die Unterscheidung zwischen Signifikant und Signifikat, zwischen Denotation und Konnotation, betont. In diesen formalen Theorien wird das Subjekt lediglich als Funktion oder Aktant betrachtet, ohne individuelle Gefühle und Empfindungen.

An den Strukturalismus anschließend und diesen zugleich weiterführend wären die Vertreter der Narratologie zu nennen, die wieder stärker an der Semantik fiktionaler Texte orientiert sind. Tzvetan Todorov etwa greift in seinen Analysen auf das von Bachtin übernommene dialogische Strukturprinzip ästhetischer Werke zurück und betont, Literatur könne nicht allein auf ihre Formen reduziert werden, sie spreche immer auch von einer Welt und von Ideen, die das Schicksal der Menschen betreffen.[17] Als Hauptvertreter der Narratologie gilt Gérard Genette[18], der insbesondere der Frage nach der fiktionalen Zeit, der Rolle des Autors sowie der Intertextualität und der Paratexte nachgeht und zwischen Diskurs und Geschichte *(histoire)* und in einem weiteren Modell zwischen *histoire – récit* und *narration* unterscheidet.

Die hier angeführten «Methoden» sowie die «traditionellen» Erzähl- und Romantheorien überhaupt, haben dazu beigetragen, den formalen Aufbau eines Kunstwerks mit großer Objektivität zu beschreiben. Hierzu gehört die Beschreibung der Erzählperspektiven, der Erzählsituationen, die Darstellung der Zeit und des Bewusstseins[19]. Hervorzuheben ist das durchweg anerkannte Primat des Textes, das allen diesen Theorien zugrunde liegt. Man denke insbesondere an die aufgestellte und allgemein anerkannte Differenzierung zwischen der Stimme des Autors im Leben, sowie der Stimme des Erzählers und der Stimmen der Romangestalten im literarischen Kunstwerk selbst, deren Verwechslung in der Vergangenheit zu heftigen Kritiken geführt hatte. In diesen formalen Theorien wird der Text in seiner Autonomie als «Material» betrachtet, und es geht darum, das interne Funktionieren des Textes wie das einer Maschine objektiv zu beschreiben. Genette schreibt in Bezug auf den Strukturalismus:

> Der Strukturalismus müsste auf seinem Gebiet sein, so oft die Kritik die Suche nach den Existenzbedingungen oder den - psychologischen, sozialen oder anderen

---

[15] Siehe Algirdas Julien GREIMAS: *Sign, language, culture*, Mouton, The Hague (u.a.) 1970; *Strukturale Semantik: methodologische Untersuchungen*, Vieweg, Braunschweig 1971.
[16] Siehe Ferdinand de SAUSSURE: *Cours de linguistique générale (1959)*, hg. von Charles Bailly, Payot, Paris 1969.
[17] Siehe Tzvetan TODOROV: «Le principe dialogique», in: *Critique de la littérature*, Seuil, Paris 1984; *Poétique de la Prose*, Paris 1992.
[18] Gérard GENETTE: *Fiktion und Diktion*, übersetzt von Heinz Jatho, Fink, München 1991; *Diskurs der Erzählung*, übersetzt von Andreas Knop, hg. von Jochen VOGT, Fink, München 1994; *Palimpsestes. Die Literatur auf zweiter Stufe*, Suhrkamp, Frankfurt a.M. 2004.
[19] Vgl. Jochen VOGT: a.a.O.

- Bestimmungen des literarischen Werkes aufgibt und sich auf das Werk selbst konzentriert, das nicht mehr als ein Effekt, sondern als ein absolutes Wesen zu betrachten ist (...) Die Semiotik wendet sich ab vom Signifikat, um sich ausschließlich der Untersuchung des Signifikanten zu widmen – er schaltet die von der Geschichte hinzugefügte Bedeutung aus[20].

Die Beziehung zwischen dem Zeichen und dem Referenzobjekt und allem, was außerhalb des Textes steht, wurde somit außer Acht gelassen, und das heißt die Frage nach dem Sinn und nach den psychologischen, soziologischen und historischen, gegebenenfalls den religiösen und biographischen Aspekten, die ja notgedrungen immer mit in die fiktionale Welt eingehen. Das Modell dieser Theorien ist die Linguistik, bei denen das Subjektive eine mehr oder minder wichtige Rolle spielte. In der Wissenschaft ist die Methode ein sicheres, unentbehrliches Werkzeug, das jegliches Experimentieren begleitet und den Fortschritt sichert. Die zu Beginn stehende Hypothese wird mittels der Methode an Hand der Fakten überprüft. Das Ergebnis, sei es gut oder schlecht, ist dann der Beweis dafür, dass die Hypothese richtig oder falsch war. In der Literatur aber gibt es keine Hypothese, die an Hand von Fakten in der historischen Wirklichkeit überprüft werden könnte[21]. Man kann sicher eine gute Interpretation von einer schlechten unterscheiden; das Urteil aber in Bezug auf ein literarisches Werk kann keineswegs durch eine Übereinstimmung mit der Wirklichkeit begründet werden. Wesentlich bei der Analyse eines literarischen Werkes ist die Tatsache, dass die kritische Lektüre vom Standpunkt der Vernunft aus nachvollziehbar ist[22]. Der Interpret kann gewiss auch Hypothesen aufstellen, diese müssen aber durch die vorgelegte Interpretation an Hand der im Text dargestellten Zeichen und Situationen vom Leser mitverstanden werden können. Unbestreitbar ist, dass die exakte Beschreibung der Struktur wesentliche Einsichten liefert. Allein aber, d.h. losgelöst vom Sinn und den außersprachlichen Beziehungen ist sie für das Verständnis eines literarischen Textes unzureichend. Sie macht ihn gleichermaßen zu einem Knochengerüst ohne Seele oder, wie Paul Valery es einmal ausdrückte, zu einer herzhaften Frucht, der man den Geschmack genommen hätte. Das Ausschalten des Sinnes angesichts des literarischen Textes wirft in der Tat ein semiotisches Problem auf, denn der Text als Zeichen ist immer auch Zeichen für etwas, auf das es zeigt. Hinzu kommt ein weiteres, ein anthropologisches Problem, denn immer da, wo der Mensch einem unbekannten Objekt gegenübersteht, dessen Sinn er nicht versteht, sei es ein Symbol, ein Rätsel, ein Zeichen oder auch ein literarischer Text, empfindet er das Bedürfnis, es zu entziffern und einen Zugang zu ihm zu finden. Anders als

---

[20] Gérard GENETTE: *Figures I*, Seuil, Paris 1966, S. 199, hier übersetzt von Elfie Poulain.
[21] Ich verweise hier auf das Problem der Mimesis. Vgl. Gunter GEBAUER und Christoph WULF: *Mimesis. Kultur – Kunst – Gesellschaft*, Rowolth Tb, Reinbek bei Hamburg 1992.
[22] Siehe Richard RORTY: « Nineteenth-Century Idealism and Twentieth-Century Textualism », in: *Consequences of Pragmatism,* University of Minneapolis Press, Minneapolis 1982, S. 139-159.

der Spezialist, der seine Forschungen im Bereich der Semiotik betreibt, wird der gewöhnliche Leser kaum ein literarisches Werk aus purer Freude an den Zeichen lesen, ohne sich gleichzeitig auch Fragen zum Sinn der Zeichen bzw. des Textes zu stellen. Und dieser Sinn verweist notgedrungen auf das im Text dargestellte Leben und die Epoche, welche außerhalb des Textes liegen. Theodor W. Adorno schreibt:

> Die immanente Analyse hat eine inhärente Grenze, die sie notgedrungen übertreten muss (…) das Paradoxon ist nämlich folgendes: (…) um eine Sache rein aus sich selbst, auf immanente Weise, zu verstehen, muss man immer bereits mehr wissen oder erlebt haben als das, was aus der Sache selbst hervorgeht.[23]

Das heißt, zum Begreifen eines literarischen Textes muss immer schon ein vor-immanentes Wissen in die Immanenz des Textes mit hineingebracht werden. Umberto Eco, der anfangs dem Strukturalismus nahestand, plädierte für eine Öffnung des Textes auf die Außenwelt hin und betont die aktive Mitarbeit des Lesers bei der Interpretation erzählender Texte[24]. Im sprachphilosophischen Bereich befasste sich bereits Searle mit der Frage nach dem fiktionalen Diskurs[25]. Jon-K. Adams erforschte in seinem Buch *Pragmatics and Fiction*[26] die grundlegenden pragmatischen Unterschiede zwischen dem fiktionalen und dem nicht fiktionalen Diskurs und legte eine auf den Leser hin orientierte Kritik vor.

Vornehmlich die Linguistik knüpfte an die pragmatischen Fragestellungen an, insbesondere an die Sprechakttheorie, die in unterschiedliche Richtungen weiterentwickelt wurde. So betont Wunderlich[27] die sequenzielle und institutionelle Einbindung von Sprechakten. Die linguistisch-pragmatische Weiterentwicklung führte zur Analyse von Dialogsequenzen, bei der die systematischen Aspekte der sprachlichen Mittel (Äußerungsformen) und Verkettungsprinzipien von Sprechakten beschrieben wurden. Es geht hier um die Identifizierung von initialen Sprechakten in Bezug auf ein überindividuell

---

[23] Theodor W. ADORNO: « L. Goldmann – Th. W. Adorno », Auszug aus den Akten des 2. Internationalen Kolloquiums zur Literatursoziologie, Royaumont, in: *Lucien Goldmann et la sociologie de la littérature,* hg. vom Institut für Soziologie der Universität Brüssel, Brüssel 1975, S. 38.

[24] Cf. Umberto ECO: *Das offene Kunstwerk* und *Lector in Fabula,* a.a.O. Vgl. ebenfalls Wolfgang ISER und Hans Robert JAUSS.

[25] John *R.* SEARLE: « The logical status of fictional Discourse », in: *New Literary History,* Band 6, Nr. 2, John's Hopkins University Press 1975, S. 319-332; dt. Übersetzung von Andreas Kemmerling: « Der logische Status fiktionalen Diskurses », in: *Ausdruck und Bedeutung. Untersuchungen zur Sprechakttheorie,* Suhrkamp Tb Wissenschaft Nr. 349, Frankfurt a.M. 1982. Vgl. auch Mary Louise PRATT: *Toward a Speech Act Theory of Literary Discourse,* Standford University Press 1975.

[26] Jon-K. ADAMS: *Pragmatics and Fiction,* J. Benjamins Publishing Company, Amsterdam 1985.

[27] Dieter WUNDERLICH : *Studien zur Sprechakttheorie,* Suhrkamp, Frankfurt a.M. 1976.

gültiges Regelsystem, um eine Beschreibung von Sprechaktsequenzmustern, die zu analysieren helfen, welche Reaktionen systematisch auf bestimmte initiale Sprechakte möglich sind[28]. In diesen pragmatisch-linguistischen Analysen wird das Problem der Interpretation einer Äußerung als Vollzug eines illokutionären Aktes und der damit verbundenen Vermutungen von Einstellungen, Intentionen und Situationseinschätzungen der Sprecher zum Teil mit angesprochen. So werden z. B. die Reaktionsmöglichkeiten auf eine initiale Frage aufgelistet als Antwort-geben, Akzeptieren, Antwort-verweigern, Zurückweisen, Ausweichen oder Gegenfragen. Die vorgenannten Analysen beziehen sich im Rahmen der Pragmatik auf begrenzte Sprechakte und Dialogeinheiten der gesprochenen Sprache. Gegen Ende des 20. Jahrhunderts haben sich die Forschungen auch auf die Verbindung zwischen Pragmatik und Ästhetik oder Literatur gerichtet, vor allem in der Perspektive auf die englische und amerikanische Literatur[29]. Thomas Zabka[30] legt 2005 eine Studie zur Pragmatik der Literaturanalyse vor, in der er mithilfe der sprechakttheoretischen Kategorien der Proposition, der Illokution sowie der Handlungsbedingungen ein kritisches Vermögen hinsichtlich der Interpretation von Texten anzuregen trachtet. Auch in Tagungen und Kolloquien hat man sich mit der Ausarbeitung theoretisch-methodologischer Grundlagen in Projekten der literaturwissenschaftlichen Pragmatik befasst[31].

Der methodologische Ansatz zur Literaturpragmatik, der hier im Folgenden entwickelt werden soll, unterscheidet sich von den vorgenannten Theorieansätzen dadurch, dass er keine Aufstellung von Kommunikationsmodellen, Identifizierungen, Systematisierungen und Klassifizierungen vornimmt und folglich nicht als Beitrag zu einer neuen Theoriebildung im Bereich der Pragmatik zu betrachten ist. Es handelt sich vielmehr um eine konkrete Umsetzung und Weiterführung erzähltheoretischer und sprachpragmatischer Begriffe hinsichtlich der Analyse von literarischen Texten, die sich vor allem an den sprechakttheoretischen illokutionären Rollen und den perlokutionären

---

[28] Vgl. hierzu Franz HUNDSNURSCHER: « Dialogmuster und authentischer Text », in: Hundsnurscher Franz / Weigand Edda (Hg.): *Dialoganalyse*, Niemeyer, Tübingen 1986; Wilhelm FRANKE: *Elementare Dialogstrukturen: Darstellung, Analyse, Diskussion*, Niemeyer, Tübingen 1989; Edda WEIGAND: *Sprache als Dialog. Sprechakttaxonomie und kommunikative Grammatik*, Niemeyer, Tübingen 1989; Götz HINDELANG: *Einführung in die Sprechakttheorie*, Niemeyer, Tübingen, 5. neu bearb. u. erw. Aufl., 2010.
[29] Vgl. Winfried FLUCK (Hg.): *Pragmatisme and literary studies*, Günter Narr, Tübingen 1999.
[30] Vgl. Thomas ZABKA: *Pragmatik der Literaturinterpretation: theoretische Grundlagen - kritische Analysen*, Niemeyer, Tübingen 2005.
[31] Vgl. Jonathan FINE/Sarah SKUPIN/Marcus WILLAND: Literaturwissenschaftliche Pragmatik: Geschichte, Gegenwart und Zukunft (sprach-) handlungstheoretischer Textzugänge; Heidelberger Meisterklasse: « Der Zweck der Werke », in: *Journal of Literary Theory*, de Gruyter, Homepage 2010,
Website: http://www.jltonline.de/index.php/conferences/issue/view/26 [letzter Zugriff 12.11.2014]

Effekten orientiert. Ziel ist ein immanentes Analyseverfahren, welches das dargestellte kommunikative Handeln zwischen den Romangestalten innerhalb der fiktionalen Romanwelt auf analoge Weise zu beschreiben und zu interpretieren versucht wie die Sprachpragmatik die intersubjektive Kommunikation als soziale Interaktion in der Welt beschreibt. Ausgangspunkt ist das Primat des literarischen Textes und die von der Pragmatik genannten Sprachhandlungen und Regeln im Sinne der von Charles Morris aufgestellten Definition:

> (…) *pragmatics* is that portion of semiotic which deals with the origin, uses, and effects of signs within the behavior in which they occur[32].

Es geht insbesondere darum, die pragmatischen Wirkungen bzw. die subjektiven Effekte zu beschreiben, die zwischen den Interaktionspartnern, und d.h. im gegebenen Fall den Romangestalten, auszumachen sind, und zu fragen, welchen Sinn Letztere den Zeichen, d.h. den Reden und Handlungen der Gesprächspartner zuschreiben und wie sie innerhalb des dargestellten fiktionalen Kontextes auf diese Zeichen reagieren und ihrerseits wieder Sinn produzieren und Wirkungen auslösen. Eine Beschreibung dieser im Roman dargestellten Reaktionen und der sich daraus ergebenden Gegenreaktionen im Denken, Sprechen und Handeln der Figuren, zeigt die subjektiv möglichen Verhaltensweisen und Wirkungen auf, darf aber nicht mit einer festgesetzten Methode verwechselt werden, die man beliebig auf ein Romanwerk anwenden könnte. In seinem Buch *Wahrheit und Methode* erinnert Hans Georg Gadamer an das allgemeine Prinzip des Aristoteles, für den die anzuwendende Methode stets vom Objekt her zu bestimmen ist. Es ist nicht Aufgabe des Dichters zu berichten, was geschehen ist, meint Aristoteles, sondern vielmehr, was geschehen könnte und was möglich wäre:

> Denn der Geschichtsschreiber und der Dichter unterscheiden sich nicht dadurch voneinander, dass sich der eine in Versen und der andere in Prosa mitteilt (…); sie unterscheiden sich vielmehr dadurch, dass der eine das wirklich Geschehene mitteilt, der andere, was geschehen könnte[33].

Die erzähltheoretischen und pragmatischen Begriffe, die ich im Weiteren verwenden werde, sind in diesem Sinne zu verstehen als ein methodisches Raster zur Entschlüsselung und zum Verständnis der Dynamik des Romangeschehens und darüber hinaus des sozialen Verhaltens der Menschen schlechthin. Man denke hierbei an das Funktionieren von Gesetzen. Unter Bezugnahme auf Aristoteles betont Gadamer die Ambivalenz angewandter Gesetze:

> Aristoteles zeigt, daß alles Gesetzte in einer notwendigen Spannung zur Konkretion des Handelns steht, sofern es allgemein ist und deshalb die praktische

---

[32] Charles MORRIS: *Writings of the general theory of signs,* Mouton, Den Haag 1971, S. 302.
[33] ARISTOTELES: *Poetik*, übersetzt und hg. von Manfred Fuhrmann, Reclam UB 7828, Stuttgart 1982, S. 29.

Wirklichkeit in ihrer vollen Konkretion nicht in sich enthalten kann. (...) Das Gesetz ist immer mangelhaft, nicht, weil es selber mangelhaft ist, sondern weil gegenüber der Ordnung, die die Gesetze meinen, die menschliche Wirklichkeit notwendig mangelhaft bleibt und daher keine einfache Anwendung derselben erlaubt[34].

Bei der Anwendung eines Gesetzes auf einen bestimmten juristischen Fall erweisen sich die Löcher des Rasters oft als ebenso wichtig wie das Raster selbst. Ähnlich verhält es sich mit der Pragmatik und der Analyse von literarischen Texten: es geht darum, diejenigen der zur Verfügung stehenden pragmatischen und erzähltheoretischen Begriffe zu mobilisieren, die es erlauben, den spezifischen Sinn zu ergründen, den ein bestimmtes literarisches Werk zu vermitteln trachtet. Mit anderen Worten, die Angemessenheit des Analyseverfahrens gegenüber dem besonderen literarischen Gegenstand sollte stets in Anbetracht gezogen werden.

Ich möchte im Folgenden zunächst die Grundzüge der Sprachpragmatik allgemein vorstellen, und dann die Rolle, die Funktion und das Spezifische des literarischen Textes bzw. des fiktionalen Diskurses beschreiben. Daran anschließend werde ich die methodologischen Begriffe diskutieren, die im Rahmen einer Literaturpragmatik angewendet werden können, wie z.B. das Implizite, die Intentionen, Andeutungen und Konnotationen, die mit den Gesten, der Sprache bzw. den Sprechakten und den Handlungen durch ihre pragmatischen Wirkungen eine Veränderung des Bewusstseins der Romangestalten wie auch des sozialen Kontextes herbeiführen, der ihnen eigen ist. Die im letzten Kapitel folgende pragmatische Analyse von Kafkas Roman *Der Proceß* soll aufzeigen, wie die Dynamik des kommunikativen Handelns die Dynamik der Romansequenzen vorantreibt. Dadurch wird gleichzeitig die Dynamik des Bewusstseins seitens der Romangestalt veranschaulicht und aufgezeigt, wie die Gedanken, die Sprache und die Handlungen einander gegenseitig durchdringen und bedingen. Auf diese Weise führt die pragmatische Analyse zu einem anthropologischen Problem, nämlich zum Problem der Bildung des Bewusstseins und der Identität des Subjekts innerhalb des sozialen Kontextes[35]. Zur Veranschaulichung meiner Ausführungen werde ich mich ausschließlich auf Romanwerke beziehen, weil diese es erlauben, die Dynamik der pragmatischen Wirkungen in der Dauer der intersubjektiven Beziehungen herauszuarbeiten. Die pragmatische Interpretation der fiktional dargestellten Erfahrungen lenkt somit den Blick über den literarischen Text hinaus in die Welt der menschlichen Erfahrungen.

---

[34] Hans Georg GADAMER: *Wahrheit und Methode. II, 2 Wiedergewinnung des hermeneutischen Grundproblems*, a.a.O., S. 301-302.

[35] Vgl. Elisabeth RAVOUX-RALLO in: *Méthodes de critique littéraire*, Armand Colin, « U », Paris 1993, insbesondere S. 137, wo es heißt: « Die Pragmatik rührt an die Grenzen der Sozialpsychologie. Gerade darin liegt ihr Interesse (...) sie liefert ein bemerkenswertes Werkzeug, unter der Bedingung, dass sie sich, was die Literatur anbetrifft, nicht allein mit den Sprechakten begnügt. » (übersetzt von Elfie Poulain)

Die Literatur ist eine Enthüllung des Menschen und der Welt, sagte Sartre, und er hatte Recht. Sie wäre nichts, wenn sie es uns nicht erlauben würde, das Leben besser zu verstehen[36].

---

[36] Tzvetan TODOROV: *Critique de la critique,* Seuil, Paris 1984, S. 187 (übersetzt von Elfie Poulain).

1 Die Grundzüge der Pragmatik

1.1 Das pragmatische Dreieck

Die Pragmatik, *pragmatiké (téchnē)* ist die Kunst, richtig zu handeln. Das Wort ist abgeleitet vom griechischen Wort *pragma*, und bedeutet sowohl die Sache selbst als auch die Handlung. Es verweist auf die *praxis*, d.h. das Tun und das Handeln, und bezieht sich, im Gegensatz zur theoretischen und spekulativen Kenntnis, ebenso auf politische oder juristische Angelegenheiten wie auf das Leben und die materielle Welt. Kant spricht von *pragmatischen Imperativen*[1], die auf einen Handlungszweck hin orientiert sind. Später wurde dem Wort anerkennend der Sinn von sachlich, wirksam und tatsächlich nützlich und der Praxis dienend zugeschrieben, im Gegensatz zu dem, was müßig und rein verbal ist. In der Umgangssprache gibt es den Ausdruck, jemand sei pragmatisch, und man meint damit, er habe einen Sinn für die Wirklichkeit und finde leicht praktische Lösungen für seine alltäglichen Probleme.

Der Ausdruck Pragmatik geht auf Charles Sanders Peirce[2] zurück. In seiner Semiotik berücksichtigte er als einen Aspekt des Zeichens die Beziehung eines Zeichens zum Benutzer des Zeichens. Im 20. Jahrhundert ist das Wort Pragmatik im Anschluss an die Arbeiten von Charles Morris[3] zu einem Begriff in der Sprachwissenschaft geworden. Es handelt sich um eine Theorie des kommunikativen Handelns, die ein Teilaspekt der Theorie der Wahrheit und der Theorie der Bedeutung ist und deren Basis die Semiotik und die Philosophie der Sprache ist. In einem weiteren Sinn ist die Pragmatik[4] ein interdisziplinärer Ort

---

[1] Immanuel KANT: *Grundlegung zur Metaphysik der Sitten (1785)*, 2. Abschnitt.
[2] Vgl. *Der Denkweg von Charles Sanders Peirce: eine Einführung in den amerikanischen Pragmatizismus*, hg. von Karl Otto APEL, Suhrkamp, Frankfurt a.M. 1975; *Charles S. Peirce. Schriften zum Pragmatismus und Pragmatizismus*, hg. von Karl Otto Apel, übersetzt von Gert Wartenberg, Suhrkamp, Frankfurt a. M., 1991.
[3] Vgl. Charles MORRIS: *Writings of the general theory of signs*, a.a.O.
[4] Die Forschungen im Bereich der Pragmatik sind vielfältig. Im Rahmen dieses Beitrags begrenze ich mich auf Aspekte, die für eine pragmatische Literaturinterpretation hilfreich sein können. Für weitere, grundlegende Diskussionen zur Pragmatik sei hingewiesen auf: Karl Otto APEL, (hg.): *Sprachpragmatik und Philosophie*, Suhrkamp, Frankfurt a.M. 1976; Jürgen HABERMAS: *Theorie des kommunikativen Handelns I und II*, Suhrkamp, Frankfurt a.M. 1981; EHRHARDT/HERINGER: *Pragmatik,* Fink, Paderborn 2011 (UTB 3480); vgl. auch Karl BÜHLER: *Sprachtheorie*. 3. Auflage, Lucius & Lucius, Stuttgart 1999 (Nachdruck der 1. Auflage 1934); François LATRAVERSE: *La pragmatique*,

und der Berührungspunkt für Logiker und Philosophen, Linguisten, Psychologen und Soziologen, wie auch in letzter Zeit für die Literaturtheorie.

Die Forschungen im Bereich der Pragmatik gehen auf Charles W. Morris zurück, der die klassische Dreiteilung in Semantik – Syntax – Pragmatik entwickelte. Die Semantik erforscht die Beziehung zwischen den Zeichen und den Objekten. Sie erforscht den Sinn, das Referenzobjekt und die Wahrheit, sie antwortet auf die Frage « wahr » oder « falsch ». Die Syntax erforscht die formelle Beziehung der Zeichen zu den Zeichen, d.h. der Wörter innerhalb eines Satzes oder der Sätze in den Satzsequenzen. Wichtig ist hier die Befolgung der grammatischen Regeln, die allein den Wort- oder Satzsequenzen Sinn verleihen. Sie antwortet auf die Frage « richtig » oder « falsch ». Die Sinnzuschreibung, so Ferdinand de Saussure, ist konventionell und willkürlich[5]. Der Mensch fügt die Laute so zusammen, dass sie einen Sinn ergeben. Die Laute allein haben keinen Sinn; erst der Mensch gibt ihnen ihren besonderen Sinn. Die Pragmatik erforscht die Beziehung zwischen den Zeichen und den Zeichenbenutzern und analysiert die Wirkung eines Diskurses innerhalb eines bestimmten Kontextes. Sie umfasst die Semantik und die Syntax, d.h. den Sinn der Aussagen und die Regeln, die der Äußerung zugrunde liegen, um den Sinn zu ergründen, der durch die Sprechakte in der konkreten Handlung hervorgebracht wird. Sie formuliert die Regeln, denen die kommunikative Funktion der Aussagen und/oder Äußerungen unterliegt und beschreibt die Regeln, die den Gebrauch der verbalen Ausdrücke in der sozialen Interaktion leiten. Sie analysiert, was psychologisch und soziologisch im Sprecher selbst beim Gebrauch der Zeichen vorgeht und versucht zu beschreiben, welche Absichten und Interessen er durch sein Reden verfolgt und welche Wirkungen er auf den Adressaten ausübt oder ausüben kann. Hier auf der Ebene der Pragmatik stellt sich die Frage, ob der Sprechakt gelingt oder misslingt, d.h. ob er das beabsichtigte Ziel erreicht hat oder nicht.

Die Pragmatik steht in der Tradition althergebrachter Betrachtungen zur Sprache, zur Logik und zur Rhetorik. Die Logik, eng verschwistert mit der Erkenntnistheorie und Ontologie, stellt sich u.a. die Frage nach den Wahrheitsbedingungen der Sätze und untersucht die Struktur von Argumenten im Hinblick auf ihre Gültigkeit. Die Rhetorik ist die Kunst der Rede in der griechischen Antike. Sie lässt die Frage nach der Wahrheit beiseite und versucht, von einer Ansicht zu überzeugen und den Adressaten der Rede zu einer bestimmten Handlung zu bewegen. Sie konzentriert sich auf die Hervorbringung von Spracheffekten in der Wirklichkeit. Ziel der Pragmatik ist es, diese beiden wesentlichen Aspekte der Sprache zusammen zu erfassen. Sie befasst sich ihrer Natur nach ausschließlich

---

histoire et critique [Die Pragmatik, Geschichte und Kritik], Pierre Mardaga, Brüssel 1987; François RECANATI: *Les énoncés performatifs,* Minuit, Paris 1981 (engl. Übersetzung: *Meaning and force: the pragmatics of performatif utterances,* Cambridge University Press, Cambridge/New York 1987).
[5] Vgl. Ferdinand de SAUSSURE: *Cours de linguistique générale,* a.a.O.

mit zwischenmenschlichen Beziehungen und wird des Öfteren in der Form eines pragmatischen Dreiecks dargestellt:

<u>Referenz</u>
wovon man spricht

<u>Sprecher</u>   <u>Adressat</u>
der, der spricht   der, zu dem er
spricht

Die Pragmatik umfasst die gesamten Diskursbedingungen, d.h. sowohl den situativen Kontext als auch die psychologischen und soziologischen Gegebenheiten, die den Gebrauch der Zeichen seitens des Sprechers und seitens des Adressaten begleiten. Francoise Armengaud schreibt:

> Die Pragmatik setzt die Syntax und die Semantik voraus. Man muss wissen, welches die Beziehung der Zeichen untereinander und der Zeichen zu den Dingen ist, um die Beziehung der Zeichen zu den Interpreten zu ergründen[6].

Die Pragmatik beinhaltet folglich den Sinn der Aussagen wie auch die Regeln, die der Äußerung zugrunde liegen, und sie erfasst die Wirkungen, die in der konkreten Handlung durch den Sinn hervorgebracht werden. Lehrbuchhaft wird Pragmatik unter anderem wie folgt definiert:

> Pragmatik beschäftigt sich mit den Aspekten der Bedeutung, die über das Zeichen und seine Referenten hinausgehen: Sie schließt sowohl die Sprachbenutzer als auch kontextuelle Faktoren ein, wie die Situation, die Absicht des Sprechers oder die Strukturen einer Konversation.[7]

Es gilt also zu unterscheiden zwischen der semantischen Ebene, d.h. dem propositionalen Inhalt oder dem Sinn der Aussage in Bezug auf die Referenz, und der pragmatischen Ebene, d.h. dem Sinn, der durch den Äußerungsakt der Aussage beigefügt wird, indem die Absicht des Sprechers und der Kontext, in dem die Äußerung stattfindet, mit berücksichtigt werden. Zur Veranschaulichung verweise ich hier auf die Beispiele, die John R. Searle liefert:

---

[6] Françoise ARMENGAUD: *La Pragmatique [Die Pragmatik]*, Seuil, Coll. Que sais-je?, Paris 1985, S. 36-37, übersetzt von Elfie Poulain.
[7] Achim STEIN: *Einführung in die französische Sprachwissenschaft*. 3. Aufl. - Metzler, Stuttgart, Weimar 2010, S. 85.

1. Peter raucht gewöhnlich.
2. Raucht Peter gewöhnlich?
3. Rauch wie gewöhnlich, Peter!
4. Möge Peter doch wie gewöhnlich rauchen![8]

In allen diesen Sätzen *bezieht sich* der Sprecher *auf* dasselbe Objekt oder dieselbe Person, nämlich auf *Peter*, und er sagt dasselbe, nämlich dass er *raucht*. Die Aussage hat also dieselbe Referenz und dieselbe Prädikation, und d.h. dieselbe semantische Bedeutung. Aber die Art, wie der Sprecher die Wörter aneinanderreiht (die Syntax) und die Art, wie er sie im gegebenen Kontext ausspricht (die Pragmatik) unterscheidet sich in allen vier Sätzen. Im 1. Satz macht der Sprecher eine Behauptung, im 2. Satz stellt er eine Frage, im 3. Satz gibt er einen Befehl, und im 4. Satz äußert er einen Wunsch. Diese verschiedenen Akte - Wörter aussagen, sich auf etwas beziehen und empfehlen, etwas behaupten, fragen, befehlen usw. – nennt John R. Searle « Sprechakte ». Der englische Ausdruck *speech acts* bezieht sich auf das gesprochene Wort. Die Unterscheidung zwischen dem semantischen und dem pragmatischen Sinn ist logisch und nützlich für das Verständnis, kann aber in Wirklichkeit nicht immer leicht durchgeführt werden und hat zu allerlei Fragestellungen geführt. Ernst Tugendhat hebt die Vieldeutigkeit des Wortes « Sinn » hervor. Er schreibt:

> Wir sprechen nicht nur vom Sinn von sprachlichen Ausdrücken, sondern auch vom Sinn von Handlungen, und entsprechend verwenden wir das Wort « Verstehen » nicht nur in der Bedeutung des Verstehens von sprachlichen Ausdrücken und anderen Zeichen, sondern wir sagen: wir verstehen eine Handlung, und auch : etwas von der Handlung Bewirktes, ein Werk, und dann auch: eine Person (in ihren Handlungen). Die Frage nach dem Sinn heißt hier stets so viel wie: was will der oder ein Handelnder damit, was bezweckt er? Letztlich ist auch die Rede vom Sinn eines sprachlichen Ausdrucks ein Spezialfall dieser Rede vom Sinn einer Handlung. Denn die Frage, welchen Sinn – welche Bedeutung – ein sprachliches Zeichen hat, meint so viel wie: was will man damit zu verstehen geben, welche Funktion hat der Ausdruck?[9]

Diese Fragestellungen verweisen auf die pragmatische Ebene von Aussagen, und sie sind von großer Bedeutung für das Verständnis literarischer Texte.

---

[8] John Rogers SEARLE: *Speech Acts. An Essay in the Philosophy of Language*, Cambridge University Press 1969, S. 22; (deutsch: *Sprechakte: Ein sprachphilosophischer Essay*. Übersetzt von R. und R. Wiggershaus. Suhrkamp, Frankfurt a.M. 1971)

[9] Ernst TUGENDHAT: *Selbstbewußtsein und Selbstbestimmung. Sprachanalytische Interpretation,* Suhrkamp Frankfurt a.M. 1979, S. 168.

1.2 Die Sprechakte

Die pragmatische Theorie geht also über die Aussagen selbst hinaus, d.h. über die semantische Dimension des Textes, die die Beziehung zwischen den Wörtern und den Dingen sowie die Frage nach der Wahrheit in Bezug auf die Referenz erschließt, insofern als sie den Äußerungsakt bei der Sinnerschließung mit betrachtet. Sie versucht, den besonderen Sinn zu erfassen, den eine Aussage bei der Äußerung eines Satzes in einem bestimmten situativen Kontext bekommt. Der Begriff Sprechakt als Äußerungsakt bekommt somit eine spezifische Bedeutung: die Sprache dient nicht allein dazu, zu informieren oder etwas darzustellen, sie dient auch dazu, Handlungen zu vollziehen. Sprechen heißt handeln, erklärt der britische Philosoph John Austin in seinem Buch *How to do things with words.*[10] John L. Austin unterscheidet drei Kategorien der Proposition, und zwar
1. Die Lokution von Worten, die Sinn haben und einer Grammatik folgen;
2. Die Illokution, die die Rolle der Äußerung, wie z.B. die des Befehls, in Anbetracht zieht;
3. Die Perlokution, die die unmittelbare Folge einer Äußerung seitens der Adressaten betrachtet, wie z.B. bei einem Versprechen.
Ferner unterscheidet Austin zwei Typen von Äußerungen, nämlich konstative und performative Äußerungen. Die konstativen Äußerungen beschreiben einen Sachverhalt, Fakten, Personen oder Dinge, die in Bezug auf die Referenz in der Welt nachgeprüft werden können. Wenn ich sage: « Paul liest ein Buch, und Hanna spielt im Garten », dann ist der Satz wahr, wenn er die gegebene Wirklichkeit getreu beschreibt. Der Satz ist falsch, wenn dies in der existierenden Wirklichkeit (oder eben auch der im Roman beschriebenen fiktionalen Wirklichkeit) nicht so ist. Die performativen Äußerungen hingegen entziehen sich dieser Feststellung von wahr und falsch bzw. richtig und falsch. Sie beziehen sich auf den pragmatischen Sinn des Satzes, d.h. auf den Gebrauch, den der Sprecher von diesem Satz macht. Ausgehend von Austin hat J. Searle die eigentliche Theorie der Sprechakte entwickelt[11]. Er unterscheidet vier Akte, die mit dem Sprechen als Kommunikation verbunden sind:

1. Äußerungsakte *(utterance acts)*, d.h. jede Art von Sinnäußerung.

---

[10] John L. AUSTIN: *How to do things with words. The William James Lectures delivered at Harvard University in 1955* Clarendon Press, Oxford 1962 (hg. von J.O. URMSON); (dt. *Zur Theorie der Sprechakte*, Stuttgart: Reclam 9396).
[11] John R. SEARLE: *Speech Acts,* a.a.O. John R. SEARLE /Daniel VANDERBEKEN: *Foundations of illocutionary logic,* Cambridge University Press 1985; Daniel VANDERBEKEN: *Foundations of speech act theory: philosophical and linguistic perspectives,* hg. von Savas L. Tsohatzidis, Verlag Routledge, London 1994; vgl. Götz HINDELANG: *Einführung in die Sprechakttheorie,* a.a.O., und Karl SCHUSTER, der eine gut verständliche Zusammenfassung der Sprechakttheorie bietet in: *Mündlicher Sprachgebrauch im Deutschunterricht. Denken – Sprechen – Handeln: Theorie und Praxis*, Schneider, Hohengehren 1998.

2. Propositionale Akte *(propositional acts)*, d.h. Äußerungen, die sich auf Dinge beziehen (Referenz) und diesen Dingen Eigenschaften zuschreiben (Prädikation) wie z.b. das Rauchen in Bezug auf Peter in obigen Beispielsätzen.
3. Illokutionäre Akte *(illocutionary acts)*, d.h. Äußerungen, die eine performative Rolle in der Kommunikation einnehmen, wie z.B. versprechen, behaupten usw. Diese Akte haben einen internen pragmatischen Sinn, wie z.B. der Akt des Versprechens.
4. Perlokutionäre Akte *(perlocutionary acts)*, d.h. Äußerungen von illokutionären Akten, die externe Konsequenzen und Auswirkungen im Bereich der sozialen Interaktion haben.

Searle unterscheidet also die Aussage eines Satzes oder einer Proposition und die Äußerung als solche, d.h. die illokutionären Sprechakte. Diese Akte stellen die kommunikativen, zwischenmenschlichen Beziehungen her. Wenn ich an Hand eines illokutionären Aktes etwas verspreche, dann ist der Satz performativ, insofern als ich in Wirklichkeit das mache, was ich gerade sage, nämlich etwas versprechen. Wenn ich sage: « ich schwöre », dann tue ich, was ich sage, indem ich es sage[12]. Ob ich nun mein Versprechen einhalte oder nicht, ob ich die Wahrheit beim Schwören aussage oder nicht, ändert nichts an der Tatsache, dass ich etwas verspreche oder dass ich schwöre. Diese Akte machen, was sie aussagen, und sie verändern dadurch die Wirklichkeit, in der dies geschieht[13].

Performative Verben, die häufig auftreten sind folgende: befehlen, fragen, glauben, jemandem raten, gebieten, empfehlen, etwas zu tun, wünschen, vorschlagen, jemanden benachrichtigen, danken, kritisieren, anklagen, behaupten, beteuern, loben, bitten, anflehen, drohen, versprechen, sich entschuldigen, herausfordern, schwören, erlauben, erklären, vermuten u.a. Bei Aussagen mit diesen Verben geht es nicht darum, zu fragen, ob sie wahr oder falsch sind, sondern darum zu prüfen, ob sie erfolgreich oder nicht erfolgreich sind bzw. gelingen oder misslingen, nämlich ob sie tatsächlich das vollziehen, was sie angeben. Diese Akte zeichnen sich durch ihre illokutionäre Kraft aus, d.h. durch die Kraft, das hervorzubringen, was sie beabsichtigen. Hier kommt es auf die Absicht an, mit der der Satz in einem gegebenen Kontext ausgesprochen wird, denn diese Absicht verleiht dem Satz die illokutionäre Kraft. Eine Aussage hat die illokutionäre Kraft eines Befehls, wenn der Sprecher die Absicht hat, dem Hörer durch seine Äußerung einen Befehl zu erteilen[14]. Der illokutionäre Akt ist erfolgreich, wenn es dem Sprecher gelingt, dem Hörer seine Absicht zu erkennen zu geben. Zu den Erfolgsbedingungen gehört auch der soziale Kontext, und d.h. die soziale Rolle des Sprechers und seine Beziehung zum Adressaten. Als Mutter oder Vater kann ich meinem Kind einen Befehl erteilen, nicht aber irgendeinem

---

[12] Vgl. François RÉCANATI: *Meaning and force: the pragmatics of performative utterances*, a.a.O.
[13] Vgl. François LATRAVERSE: *La Pragmatique. Histoire et critique*, a.a.O.
[14] Vgl. François RECANATI, a.a.O., und John R. SEARLE, a.a.O., 2.6. *Meaning*, S. 42ff.

fremden Kind. Der Satz: « Ich verhafte Sie », hat nur dann eine illokutionäre Kraft, wenn er z. B. von einem Polizisten im Dienst ausgesprochen wird. Sagt ein einfacher Bürger diesen Satz zu einem Nachbarn, hat er keine illokutionäre Kraft, weil er keinen juristischen Wert hat und folglich folgenlos bleibt.

Der illokutionäre Akt, der nicht unbedingt eine ganze Proposition, sondern auch ein einfacher Ausruf wie « bravo !» sein kann, kann auf verschiedene Weise angezeigt werden; entweder durch syntaktische Mittel wie die Imperativform (z.B. Steh auf !) oder auch durch explizit performative Konstruktionen (Ich bitte dich, aufzustehen.). Searle hat Regeln aufgestellt und die Bedingungen untersucht, unter denen ein Sprechakt erfolgreich ist (Erfolgsbedingungen oder Gelingensbedingungen)[15]. Hierzu gehören die vorbereitenden Bedingungen (*preparatory conditions*)[16]: wenn ich etwas verspreche, dann muss ich auch beabsichtigen, mein Versprechen einzuhalten und auch glauben, dass ich es einhalten kann. Hinzu kommen die Ernsthaftigkeitsbedingungen (*sincerity conditions*): ich muss glauben, dass der Adressat will, dass ich verspreche, was ich verspreche, und ich muss mich ernsthaft der Verpflichtung meines Versprechens unterwerfen.

Wenn man über die Absicht des Sprechers hinausgeht und sich fragt, ob und wie der Adressat jene Absicht erkennt und wie er darauf antwortet, dann bezieht man sich auf perlokutionäre Akte, d.h. auf die externen Folgen des illokutionären Aktes. Der illokutionäre Akt besteht darin, eine Absicht zu übermitteln, der perlokutionäre Akt zielt darauf ab, den Adressaten dazu zu bringen, das zu tun, was der Sprecher sagt und möchte. Er bezieht sich auf die Reaktion seitens des Adressaten, d.h. er strebt eine zusätzliche Wirkung an. Dieser von John L. Austin geschaffene und von John R. Searle übernommene Begriff der Perlokution betrachtet die Konsequenzen oder Effekte der Sprechakte. Searle schreibt:

> Correlated with the notion of illocutionary acts is the notion of the consequences or *effects* such acts have on the actions, thoughts, or beliefs, etc. of hearers[17].

Dieser Aspekt ist ganz besonders interessant und wichtig bei der Interpretation literarischer Texte, denn er erlaubt es, die Motivationen und Handlungen der Romangestalten zu verstehen. Man nehme hier das einfache Beispiel des Befehls: Durch die Intonation und die syntaktische Struktur gebe ich dem Gesprächspartner zu verstehen, dass ich ihm etwas befehle. Das ist der illokutionäre Akt. Darüber hinaus beobachte ich die Wirkungen dieses Befehls; zum einen die materiellen Wirkungen: der andere führt den Befehl aus oder nicht; zum anderen die mentalen Wirkungen auf das Bewusstsein des anderen: er kann sich durch diesen Befehl geehrt fühlen, weil ich ihn und keinen anderen für diese Aufgabe auserwählt habe; oder er kann sich im Gegenteil durch diesen

---

[15] Vgl. I, 3.
[16] Vgl. John R. SEARLE: *Speech Acts,* a.a.O., S. 60-61.
[17] Ibid., S. 25.

Befehl verletzt und gedemütigt fühlen, weil er glaubt, diese Aufgabe sei herabwürdigend für ihn. Wenn ich den Gesprächspartner von etwas überzeugen oder ihn warnen, beunruhigen, erschrecken, erfreuen oder ihm etwas bewusst machen will, dann handelt es sich um einen perlokutionären Akt. Wenn der Sprecher sagt: « Verlassen Sie diesen Raum! » dann will er dem Adressaten nicht nur seine Absicht mitteilen, sondern vielmehr eine Wirkung auf ihn ausüben und ihn dazu bringen, dass er den Raum tatsächlich verlässt.

Zur weiteren Veranschaulichung möchte ich das von Searle zitierte Beispiel anführen, nämlich die Äußerung: « Hallo »[18]. Der illokutionäre Akt ist erfolgreich, wenn der Gesprächspartner verstanden hat, dass ich ihn grüßen will. Darüber hinaus scheint mir die perlokutionäre Tragweite dieses Aktes von besonderer Bedeutung, denn der Akt des Grüßens beinhaltet notwendigerweise eine Erwartung seitens des Sprechers, denn er möchte ja höchstwahrscheinlich zurückgegrüßt werden. Die Erwartung dieses Effektes gründet auf den Höflichkeitsregeln, die unser gesellschaftliches Leben leiten. Wenn der perlokutionäre Effekt nicht erreicht wird, d.h. wenn der Adressat den Sprecher nicht zurückgrüßt, dann wird diese Nicht-Antwort eine Wirkung auf ihn haben, die er in seinem Denken, Sprechen und Handeln auf diese oder jene Weise zum Ausdruck bringen wird. Der pragmatische Kontext ist im Beispiel des Grüßens von Bedeutung, denn es handelt sich um einen kulturell codierten Akt. Hier fragt sich auf pragmatischer Ebene: wer grüßt wen? wer grüßt zuerst? warum? Ein freundliches Zurückgrüßen ist ein Zeichen des Einverständnisses und des Wunsches, eine gute Beziehung zum anderen aufrecht zu erhalten. Ein verschlossenes Gesicht beim Grüßen zeigt eine gewisse Distanz zum anderen an. Und ein Nicht-Zurückgrüßen ist ein deutliches Zeichen der Zwietracht; der andere teilt dadurch mit, dass er mit dem Sprecher auf Kriegsfuß steht und keine Verbindung zu ihm haben will.

Dieses Beispiel zeigt, wie ein einzelner Sprechakt in eine fortlaufende Kette von Handlungen übergeht. Wenn die linguistischen Forschungen die Reaktionsmöglichkeiten auf das Begrüßungswort « Hallo » auflisten, so soll sich die Literaturpragmatik auf die fortlaufenden Reaktionen und Gegenreaktionen im spezifischen Kontext der Romanwelt konzentrieren und sich fragen, wie und warum und zu welchem Zweck eine Romanfigur so oder so reagiert. Die Analyse der interaktionellen Dynamik führt auf diese Weise zu einer anthropologischen Fragestellung, nämlich zur Erhellung der Dynamik des Bewusstseins im Denken, Sprechen und Handeln der Romangestalten und des sozialen Kontextes, der sie in ihrer fiktionalen Welt umgibt.

---

[18] Vgl. John R. SEARLE: *Speech Acts,* a.a.O., S. 43.

I.3 Die kommunikative Intention und das Unausgesprochene

John R. Searle zeigt auf, dass die Frage nach der Intention des Sprechers von äußerster Wichtigkeit für das Gelingen oder das Nicht-Gelingen eines Sprechaktes ist. Er schreibt:

> What is the difference between saying something and meaning it and saying it without meaning it? And what is involved in meaning just one particular thing and not some other thing?[19]

Dies betrifft in Gesprächen Einwendungen wie: Das wollte ich nicht sagen! oder: So habe ich es nicht gemeint! Sprechen bedeutet, dem Adressaten mitzuteilen, wie er die Botschaft verstehen soll. Um dies deutlich zu machen, muss der Sprecher explizite oder implizite Markierungen einfügen, z.B. die Imperativform, eine bestimmte Intonation, die Angabe der beteiligten Person(en), einen bestimmten grammatischen Tempus usw. Diese Markierungen sowie der Kontext helfen dem Adressaten, die mit der Äußerung verbundene Absicht zu erkennen. Manche performative Verben können eine Aussage modulieren und die Meinung ausdrücken, die der Sprecher von seiner Aussage hat (z.B. glauben, denken, schätzen) oder seine eigene Haltung in Bezug auf die Aussage aufzeigen (z.B. bedauern, sich glücklich schätzen)[20]. Die Aussage beinhaltet auf diese Weise einen Kommentar des Sprechers zu dem, was er sagt, und er kann auch, wenn er will, diesen Kommentar durch begleitende Mimik und Gestik verstärken, um dem Adressaten seine Absicht noch klarer mitzuteilen. Diesbezüglich unterstreicht François Récanati den Unterschied, der zwischen der Semantik und der Pragmatik besteht:

> Die Pragmatik interessiert sich für das, was auf der Verbindungslinie zwischen dem Sprecher und dem Hörer stattfindet, nämlich für den Austausch von Worten als intersubjektive Handlung, für das, was man mit den Worten macht, wogegen die Semantik sich für das interessiert, was sie bedeuten und für das, wovon man spricht, wenn man sie benutzt[21].

Über den repräsentativen Inhalt, d.h. den semantischen Sinn hinaus, drückt die Äußerung eines Satzes Gedanken und Gefühle des Sprechers aus und ruft ebenfalls seitens des Adressaten Gedanken und Gefühle hervor. Wenn ich sage: « Es wird bald regnen », dann kann ich diesen Satz auf seinen semantischen Sinn hin überprüfen und nachschauen, ob es wahr ist oder nicht. Dieser zum Satz gehörende Sinn ist unveränderlich; er ist diesem Satz sozusagen inhärent. Die Gedanken und Auffassungen des Sprechers gehören nicht zu den Bedingungen, die erfüllt werden müssen, damit ein Satz wahr oder falsch ist. Sobald ich mich aber frage, wie und warum der Sprecher diesen Satz wohl gesagt hat, spreche ich ein pragmatisches Problem an. Der Sprecher kann diesen Satz als einfache

---

[19] John R. SEARLE: *Speech Acts,* a.a.O., S. 3.
[20] Vgl. die Klassifizierungen und Listen von Verben, die Sprechakte ausdrücken, in: John L. AUSTIN oder François RÉCANATI, a.a.O., Kapitel 6.
[21] François RECANATI, a.a.O., S. 12.

Feststellung aussprechen, die ihn gleichgültig lässt. Er kann aber auch signalisieren wollen, dass er enttäuscht oder resigniert ist; oder sagen wollen, dass man unter diesen Wetterbedingungen vielleicht besser etwas anderes machen sollte als das, was man geplant hatte. Es kann auch ein Vorschlag, eine Warnung oder sogar ein Verbot sein, nach draußen zu gehen. All dies bleibt unausgesprochen und ist folglich eine indirekte Mitteilung an den Hörer.

Das Beispiel zeigt, dass der semantische Sinn unveränderlich, der pragmatische Sinn hingegen veränderlich ist. Es besteht also in der Tat ein Unterschied zwischen dem, was die Wörter bedeuten, die der Sprecher benutzt, und der Intention, die er dem Hörer durch diese Wörter zu verstehen geben will. Es ist typisch für das gesprochene Wort, dass man einem anderen mit dem, was man sagt, etwas mitteilen will. Hierbei geht es vor allem darum, wie das Mitgeteilte aufgefasst wird oder werden soll. Die Intention des Sprechers kristallisiert sich in der Äußerung und verleiht ihr einen zusätzlichen Sinn, einen externen und veränderlichen, einen pragmatischen Sinn. Es besteht folglich eine enge Beziehung zwischen der Intention, der Bedeutung und dem Verstehen, und d.h. dem Erkennen der Absichten des Sprechers seitens des Adressaten.

Die Frage nach der Intention des Sprechers stellt sich vornehmlich bei den indirekten Sprechakten. Man denke hier an die Tropen, die Metaphern, die Litotes oder die Ironie, die eine große Rolle im literarischen Diskurs spielen. Searle weist darauf hin, dass klar unterschieden werden muss zwischen dem eigentlichen Sinn eines Satzes und der Absicht, die der Sprecher in den Satz legt, wenn er ihn ausspricht, d.h. wenn er einen Sprechakt vollzieht, denn der Sinn der Äußerung, das Gemeinte, kann beträchtlich von dem wörtlichen Sinn abweichen. Wenn z.B. die Gastgeberin anlässlich eines Abendessens mit Freunden plötzlich ausruft: « Oh, es ist ja schon Mitternacht! », dann will die Gastgeberin mit diesen Ausruf vermutlich mehr als eine reine Feststellung machen, die sich auf den wörtlichen Sinn begrenzt. Die Gastgeberin könnte meinen, die Zeit sei sehr schnell in Gesellschaft ihrer Freunde vergangen; sie kann aber auch zu verstehen geben wollen, dass es an der Zeit ist, langsam aufzubrechen. Die Gäste müssen also hinter dieser objektiven Feststellung die geheime Absicht der Gastgeberin erschließen. Dieser Fall stellt sich besonders beim Gebrauch des Performativs « ich verspreche ». Searle zitiert das Beispiels eines Professors, der zu einem lässigen Studenten sagt: « Wenn Sie mir ihre Arbeit nicht rechtzeitig abgeben, dann verspreche ich ihnen eine Note unter dem Durchschnitt.[22] » Ist diese Aussage ein Versprechen? Mit Recht wird man sie als eine Warnung oder sogar Drohung verstehen, wenn man sie hinsichtlich ihrer Absicht betrachtet.

Dieses Beispiel veranschaulicht nicht allein das ambivalente Problem der illokutionären Kraft einer Äußerung, es stellt auch das Problem der perlokutionären Wirkung. Wird die Äußerung den Studenten anregen, besser und schneller zu arbeiten? Das Verb « versprechen » für sich allein genommen ist

---

[22] Vgl. John R. SEARLE: *Speech Acts,* a.a.O., Kap. 3.1, S. 58.

also nicht Ausdruck eines wahren Versprechens. Die Intention des Sprechers oder die pragmatische Dimension spielt eine wichtige Rolle, damit das Wort das ist, was der semantische Sinn uns sagt, d.h. ein Versprechen. Anders gesagt, der Sprecher muss gewisse Bedingungen oder Regeln befolgen, damit der illokutionäre Akt « ich verspreche » auch ein wirkliches Versprechen ist. Searle listet in seiner Theorie der Sprechakte die Regeln oder Inferenzprinzipien auf, die der Äußerung die gewünschte illokutionäre Kraft verleihen. Diese Regeln[23] sind folgende: der Sprecher kann keinen Akt versprechen, der in der Vergangenheit liegt, sondern einzig einen zukünftigen Akt (Regel 1: Propositionale Bedingung, *propositional content rule)*; er muss versprechen, was der Adressat erwünscht und nicht etwas, was ihm missfällt (Regel 2 und 3, *preparatory rule)*; er muss aufrichtig sein und die Absicht haben, zu tun, was er sagt (Regel 4: Ernsthaftigkeitsbedingung, *sincerity rule)*; er muss sich tatsächlich verpflichten (Regel 5: Wesentliche Bedingung, *essential rule)*[24]. Wichtig bei der Interpretation eines Sprechaktes ist es, zwischen dem konventionellen, linguistischen Sinn einer Aussage und dem Sinn zu unterscheiden, den der Sprecher in seine Aussage legt, d.h. den intentionalen pragmatischen Sinn, der sich aus dem Gebrauch des Satzes ergibt:

> In den indirekten Sprechakten teilt der Sprecher dem Hörer mehr mit als das, was er tatsächlich sagt, indem er sich auf Informationen stützt, seien es linguistische oder auch nicht linguistische Informationen, die er hintergründig mit ihm teilt, und er appelliert zugleich auch an die Fähigkeit des Hörers, eine rationale logische Schlussfolgerung zu ziehen[25].

Es handelt sich also für den Sprecher darum, etwas zu sagen, ohne es zu sagen, und für den Adressaten, das Unausgesprochene oder das im indirekten Sprechakt enthaltene und insgeheim Beabsichtigte richtig zu interpretieren und aufzufassen; es handelt sich darum, das Explizite und das Implizite zu unterscheiden[26]. Dieses Problem ist nach Searle umso schwieriger, als gewisse Sätze im alltäglichen Sprachgebrauch gewöhnlich so benutzt werden, dass sie indirekt tatsächlich etwas anderes ausdrücken als das, was sie ihrer grammatischen Form nach ausdrücken. Es handelt sich vornehmlich um verkleidete Anfragen oder Aufforderungen wie z.B. bei der Frage: « Können Sie mir das Salz reichen? » Dies ist keine Frage im eigentlichen Sinn, auf die man mit Ja oder Nein antworten könnte, sondern eine höfliche und kulturell codierte Imperativform, die der andere wie eine Aufforderung versteht.

---

[23] Vgl. I, 2, Fußnote Nr. 15.
[24] Vgl. John R. SEARLE: *Speech Acts,* Kap. 3,1 How to promise: a complicated way, S. 57-61, und Kap. 3, 3 Rules for the use of the illocutionary force indicating device, S. 62-64.
[25] François ARMENGAUD: a.a.O., S. 95 (übersetzt von Elfie Poulain).
[26] Vgl. Kap. III.3. Die Referenz und die Überdeterminierung der literarischen Aussagen, wo die Frage nach den expliziten und impliziten Aussagen im literarischen Text diskutiert wird.

Die Frage nach der indirekten Sprache und dem Erkennen der besonderen Absicht ist ein Aspekt der Pragmatik, der besonders wichtig bei der Interpretation literarischer Texte ist. Bei der Analyse der dynamischen Verkettung eines literarischen Textes mit Hilfe pragmatischer Begriffe und Fragestellungen, stellt sich vor allem die Frage nach der Intention. Was beabsichtigt die Gestalt, wenn sie sagt und macht, was sie im Kontext sagt und macht? Warum lässt der Autor die Gestalten denken, sagen und tun, was sie im Rahmen der Romanhandlung tun? Hierbei muss beachtet werden, dass die Intention des Autors und das Verstehen des Textes seitens des Lesers auseinanderklaffen können und der Leser den Text sehr wohl anders verstehen kann als der Autor es beim Schreiben beabsichtigte. Die Interpretation des literarischen Textes stößt hier gewissermaßen auf ein Problem, das demjenigen gleichkommt, dass Searle beim Gebrauch des Performativs « ich verspreche » erläutert.

1.4 Die soziale Interaktion und der Kontext

Wie das bisher Erläuterte zeigt, ist eine Äußerung ihrer Natur nach reflexiv, und diese Reflexivität ist der Kern der pragmatischen Theorie. Als Sprechakt stellt sie eine Reihe von Verbindungen auf zwischen dem, was die Aussage bedeutet; der Absicht, die der Sprecher mitteilen will; dem, was der Adressat versteht und dem, was er in Bezug auf die gegebene Mitteilung macht. Die Reflexivität all dieser Aspekte zueinander zeigt, dass ein Sprechakt kein isolierter Akt ist, sondern notgedrungen in den größeren Zusammenhang des kommunikativen Handelns einzufügen ist, das seinerseits auch reflexiver und kreisförmiger Natur ist. Im Allgemeinen ruft die Frage des einen eine Antwort des anderen, eine Erklärung, eine Zustimmung oder einen Einwand, hervor. Die Rede des Sprechers übt eine Wirkung auf den Adressaten und dessen Antwort aus, die dann wiederum eine Rückwirkung auf das sprechende Subjekt und folglich auf dessen Bewusstseinshaltung hat. Auf dieser Ebene bekommt die pragmatische Perspektive eine psychologische und soziologische Bedeutung. François Recanati schreibt in dieser Hinsicht:

> Als empirische Verhaltensstudie der sprechenden Subjekte, steht sie [die Pragmatik] der Psychologie und der Soziologie näher als die Logik und die Linguistik[27].

Jeder Sprechakt ist auf diese Weise in ein interaktionelles Gewebe verflochten, und ein jeder Akt hat eine vorwärtstreibende Bewegung innerhalb der sozialen Beziehungen zur Folge, in denen er geäußert wird. Deshalb kann die Antwort auf die Frage, ob ein Sprechakt erfolgreich ist oder nicht, nur im Rahmen der kommunikativen Interaktion nachgeprüft werden. So wie die Aussage, die ihren Sinn nicht isoliert erhält, sondern auch im Sprechakt, der auf einen anderen hin

---

[27] François RECANATI: a.a.O., S. 15 (übersetzt von Elfie Poulain).

orientiert ist, so ist auch der Sprecher selbst kein isoliertes, sondern ein soziales Wesen, das zu dem wird, was es in der Kommunikation mit dem anderen auf der Basis der illokutionären Sprechakte und deren perlokutionären Effekte im sozialen Kontext wird. Paul Watzlawick, Janet H. Beavin und Don D. Jackson haben diesen Aspekt deutlich hervorgehoben:

> Was die Individuen A und B für sich allein gesehen sind, erklärt nicht, was sich zwischen ihnen entwickelt und auch nicht wie es sich entwickelt. Wollte man dieses Ganze in einzelne Charakterzüge und Persönlichkeitsstrukturen aufspalten, dann hieße dies, sie voneinander zu trennen und zu verneinen, dass ihr Verhalten einen ganz besonderen Sinn in diesem bestimmten Interaktionskontext bekommt[28].

Die pragmatische Analyse als Analyse vom Gebrauch und von der Wirkung der Zeichen rückt somit in die Nähe der Sozialpsychologie, die sich mit den Reaktionen der Individuen auf die Reaktionen anderer Individuen befasst. Sie zeigt auf, dass die Worte, Gesten und Handlungen der Sprecher eine Wirkung ausüben auf die Worte, Gesten und Handlungen der Hörer bzw. Gesprächspartner. Sie begnügt sich nicht allein damit, die Wirkung von A auf B und von B auf A auf einer horizontalen Linie aufzuzeigen, sondern sie versucht ebenfalls zu beschreiben, wie alle Akte von A, seien sie verbal oder nicht-verbal, auf alle folgenden Akte von B eine rückbezügliche Wirkung ausüben, und dass alle Akte von B im Gegenzug eine Wirkung auf die folgenden Akte von A haben, wie bei der aufwärts führenden Bewegung einer Spirale. Hinzu kommt, dass alle beide, A und B, von ihrem Kontext beeinflusst werden und dass sie diesen Kontext auch rückbezüglich beeinflussen.

Als Sprach- und Handlungstheorie veranschaulicht die Pragmatik die komplexe und kreisförmige Struktur der kommunikativen Dynamik und der intersubjektiven Konflikte, die sie heraufbeschwören kann. Dies wird deutlich durch die Veränderung im Bewusstsein der Gesprächspartner und durch die darauf folgende Veränderung des interaktionellen Kontextes. Der Kontext, d.h. die konkrete Situation (der Ort, die Zeit, die Identität der Sprecher) spielen eine entscheidende Rolle beim Verstehen und Beurteilen des Erfolgs oder Nicht-Erfolgs der Sprechakte, die einen intentionellen und konventionellen Aspekt beinhalten. Die konventionellen Aspekte unterliegen der Gesellschaftsordnung und gehorchen gesellschaftlichen Regeln. Ausgehend von John L. Austin stellt John R. Searle die Regeln und eine Klassifizierung der Sprechakte und deren Erfolgsbedingungen auf, wobei er die Intention und den Kontext der Äußerung als besonders wichtig hervorhebt.

---

[28] Paul WATZLAWICK; Janet BEAVON BAVELOS; Don D. JACKSON: *Pragmatics of human communication: a study of interactional patterns, pathologies, and paradoxes*, Norton, New York 1962, S. 157. So erläutern die Autoren die Beziehung zwischen Martha und George im Roman *Who's afraid of Virginia Woolf?* von Edward Albee.

Wie bekannt unterscheidet er zwei Arten von Regeln. Er nennt sie normative Regeln und konstitutive Regeln[29]. Die normativen Regeln bestimmen vorexistierende Verhaltensformen, die unabhängig von der gegebenen kommunikativen Beziehung das gesellschaftliche Leben steuern, wie z.B. die Höflichkeitsregeln. Diese Regeln betreffen die Konventionen, d.h. die Regeln des Umgangs und des sozialen Verhaltens, die für die Gesellschaft als Verhaltensnorm gelten. Die konstitutiven Regeln dagegen definieren Verhaltensformen, die ohne diese Regeln gar nicht existieren würden, die also von den Regeln erst geschaffen werden. Hierzu gehören z.B. die Regeln des Fußballs und des Schachspiels. Diese Regeln geben nicht nur an, wie man diese Spiele spielen muss, sie schaffen erst die Möglichkeit des Spiels selbst.

Searle betont, es gebe nichts dergleichen wie einen neutralen Kontext oder kontext-unabhängige Wortbedeutungen. Wir verstehen einen Satz immer in Bezug auf den Kontext, in dem er geäußert wird. Die Erfolgsbedingungen einer Behauptung oder einer Bitte hängen von den kontextuellen Gegebenheiten ab, die nicht in der semantischen Struktur des Satzes enthalten sind[30]. Wichtig beim Verstehen eines Gesprächspartners oder eines literarischen Textes ist die Kenntnis des Kontextes, der in den unterschiedlichen Kulturen ganz verschiedene Regeln und Bedeutungen hat. Man denke an die Höflichkeitsgesten, die Trauerzeremonien oder die Bedeutung von Farben, die in den verschiedenen Ländern und Kontinenten verschiedene Bedeutungen haben. Dasselbe gilt für eine Epoche oder einen historischen Kontext. Hieraus erfolgt, dass der Sprecher in einem bestimmten Kontext stehen muss, wenn er will, dass seine Äußerung den gewollten illokutionären oder perlokutionären Effekt hervorbringt. Seine soziale Rolle und die Institution, für die er spricht oder arbeitet, gehören dazu, und das Resultat seines Sprechaktes hängt von den Normen ab, die diese Institution leiten. Wenn der Sprecher einen Befehl erteilt, so muss er ein Dienstvorgesetzter sein, dessen Rolle es erlaubt, Befehle zu erteilen, und der Adressat muss seine Autorität und die Regeln anerkennen, die es ihm erlauben, Befehle zu erteilen.

Nichtsdestoweniger ist die Kenntnis der Regeln aber keine notwendige und absolute Bedingung für das Gelingen des Sprechaktes. Ein Individuum kann in seinem Verhalten Regeln befolgen, ohne zu wissen, dass es diese Regeln befolgt und ohne sie zu kennen oder formulieren zu können. Einen solchen Fall hat Sigmund Freud angeführt. Er erzählt, der Autor der *Gradiva*[31] beschreibe den Zustand seines kranken Helden wie eine psychoanalytische Studie. Man habe gefragt, « ob ihm von den so ähnlichen Theorien in der Wissenschaft etwas bekannt geworden sei ». Der Autor, Wilhelm Jensen, habe dies verneint und erklärt, seine « Phantasie habe ihm die *Gradiva* eingegeben ». Freud

---

[29] Vgl. John R. SEARLE: *Speech Acts,* a.a.O., Kapitel 2.5 Rules, S. 33-42.
[30] Vgl. François LATRAVERSE, a.a.O., S. 203.
[31] Sigmund FREUD: « Der Wahn und die Träume in Wilhelm Jensens *Gradiva* », in: *Gesammelte Werke VII (1906-1909),* Fischer, Frankfurt a.M. 1941, S. 29–125.

kommentiert, dass die Wissenschaft nicht vor der Leistung des Dichters bestehe, sondern dass es sich in Wirklichkeit umgekehrt verhalte:

> Vielleicht stellt er überhaupt die Kenntnis der Regeln in Abrede, deren Befolgung wir bei ihm nachgewiesen haben und verleugnet alle die Absichten, die wir in seiner Schöpfung erkannt haben (…). Wir meinen, dass der Dichter von solchen Regeln und Absichten nichts zu wissen brauche, so dass er sie in gutem Glauben verleugnen könne, und dass wir doch in seiner Dichtung nichts gefunden haben, was nicht in ihr enthalten sei[32].

Dieses Beispiel untermauert die von der Literaturtheorie aufgestellte Hypothese, dass die Intention des Autors beim Schreiben und das Verstehen dieses Werkes seitens des Lesers voneinander abweichen können.

1.5 Die kommunikative Kompetenz

Die von Austin und Searle erläuterten Aspekte in Bezug auf die Intention und den Erfolg der Sprechakte wurden von Jürgen Habermas in seiner Universalpragmatik weiterentwickelt[33]. Er stellt die Äußerungsakte in den größeren Zusammenhang der Gesprächspartner und ihrer kommunikativen Interaktion. Seine Analyse der kommunikativen Kompetenz strebt eine Rekonstruktion der Möglichkeitsbedingungen des intersubjektiven Verständnisses an, von denen der Erfolg der Sprechakte abhängt. In Zusammenhängen der Interaktion unterscheidet Habermas dabei drei Klassen von Äußerungen, nämlich sprachliche Äußerungen und extraverbale Äußerungen, d.h. leibgebundene Expressionen (Gestik, Mimik, Blicke usw.), sowie konkrete Handlungen. Körperliche Bewegungen des Sprechers können instrumental und kausal sein (sich aufrichten, die Beine übereinanderschlagen …), sie können aber auch verbale Äußerungen begleiten (mit dem Kopf nicken, die Schultern zucken …). Das verleiht ihnen einen semantischen Aussagewert insofern sich das Subjekt kommunikativ ausdrückt.

Eine Berücksichtigung dieser Aspekte ist bei einer pragmatischen Interpretation literarischer Texte besonders relevant, da sie Hinweise auf die Romanfiguren und ihre Intentionen geben, die der Autor dem Leser durch die begleitenden Beschreibungen mitliefert. Er kann auf diese Weise etwas andeuten, was er unausgesprochen lässt. Die Gesten und Handlungen selbst zeigen dem Gesprächspartner im gleichen Maße die Intentionen des Sprechers wie die Worte, die sie bestätigen oder auch widerlegen können. Habermas hebt die eigentümliche *Doppelstruktur umgangssprachlicher Kommunikation* hervor, insofern als ein Sprechakt immer aus einem performativen Satz, d.h. dem

---

[32] Ibid., S. 120.
[33] Vgl. Jürgen HABERMAS: *Theorie des kommunikativen Handelns*, a.a.O.; insb. Bd. 1, « Erste Zwischenbetrachtung: Soziales Handeln, Zwecktätigkeit und Kommunikation », S. 369–452.

pragmatisch wichtigsten Teil der Rede, und einem davon abhängigen Satz propositionalen Gehalts zusammengesetzt ist[34]. Der propositionale Satz verweist auf die Ebene der semantischen Dimension, d.h. auf die Gegenstände, von denen etwas ausgesagt wird. Der performative Satz verweist auf die Ebene der pragmatischen Dimension, nämlich auf die Intersubjektivität. Sie stellt einen Kommunikationsmodus zwischen dem Sprecher und dem Adressaten her und bezieht sich auf die Gegenstände, über die kommuniziert wird. Das Wort « Gegenstand » ist hier im weitesten Sinne zu verstehen als Dinge oder Ereignisse, Zustände, Personen, Äußerungen oder Zustände von Personen. Eine Verständigung kommt nur dann zustande, wenn die Gesprächspartner gleichzeitig beide Ebenen betreten und wenn sie bestimmte Regeln befolgen[35]:

1. Die Regel der Wahrheit. Der Gehalt der Aussagen muss wahr sein. Diese Regel verweist auf die Unterscheidung zwischen Sein und Schein. Der Sprecher muss wissen, wovon er spricht.
2. Die Regel der Wahrhaftigkeit der Äußerungen. Die Gesprächspartner müssen aufrichtig und ehrlich sein und nicht vorgeben, etwas zu wollen, was sie insgeheim nicht wollen. Sie müssen sagen, was sie wirklich denken, und dann auch tatsächlich tun, was sie sagen bzw. beabsichtigen zu tun. Diese Regel verweist auf die Unterscheidung zwischen Wesen und Erscheinung.
3. Die Regel der Richtigkeit von Handlungen in Bezug auf den Kontext. Das Verhalten der Gesprächspartner muss mit den geltenden Regeln und Normen ihrer sozialen und kulturellen Welt übereinstimmen, und sie dürfen nur solche Sprechakte äußern, die diesen Regeln und Normen entsprechen. Diese Regel verweist auf die Unterscheidung zwischen Sein und Sollen.

Die Beachtung dieser Kriterien und Regeln ist die Bedingung für den Erfolg eines Sprechaktes in der sozialen Interaktion. Die Wahrheit einer Aussage hängt in der Tat von der Kompetenz des Sprechers ab, der sie beurteilt. Diese Kompetenz kann aber nur beurteilt werden, wenn gleichzeitig auch die Wahrhaftigkeit oder Ehrlichkeit sowie die Richtigkeit der Handlungen des Sprechers beurteilt werden[36]. Bei jedem kommunikativen Handeln, das ja

---

[34] Vgl. Jürgen HABERMAS: « Vorbereitende Bemerkungen zu einer Theorie der kommunikativen Kompetenz », in: Jürgen HABERMAS und Niklas LUHMANN: *Theorie der Gesellschaft oder Sozialtechnologie,* Suhrkamp, Frankfurt a.M. 1971, S. 101–141, hier S. 104.
[35] J. HABERMAS: « Vorbereitende Bemerkungen », a.a.O., S. 123–136, und *Theorie des kommunikativen Handelns,* a.a.O., Bd. 1 « Typologisierung sprachlich vermittelter Interaktionen », S. 437–452.
[36] Diese Kriterien sind ein wesentlicher Aspekt der Theorie des Konsensus, die Habermas entwickelt. Er appelliert an das bestmögliche Argument, um Konflikte und Probleme zu klären und den Konsensus zu erreichen. Die Frage bleibt indes offen, wie man entscheidet, welches das bestmögliche Argument ist. Habermas beruft sich hier auf die Freiheit, die Gleichheit und die herrschaftsfreie Diskussion, die keine Zwänge produziert.

vornehmlich eine Verständigung sucht und folglich Bedingung für den Erfolg des Sprechaktes ist, spielt die Verhaltenserwartung eine wesentliche Rolle. In pragmatischer Hinsicht ergänzt diese Erwartung die Rolle der Intention. Wenn man die Intention als eine Art Sinnprojizierung begreift, die in der Aussage enthalten ist, dann ist die Verhaltenserwartung eine Art Antizipation in Bezug auf das Verhalten des Adressaten. Sie impliziert Gegenseitigkeit und Reziprozität und entspricht folglich der reflexiven Natur einer jeden Äußerung im kommunikativen Handeln. In der Tat ist es so, dass im Rahmen der Konventionen und Normen, die mit einer sozialen Rolle verbunden sind, die Erwartung des einen vom anderen erwartet wird. Wenn ein Professor z.B. einen bestimmten Kurs ankündigt, dann gibt der Professor seine feste Absicht bekannt, den Kurs zu geben, und die Studenten erwarten, dass er dies auch tatsächlich tut.

Habermas unterscheidet zwei Arten der Verhaltenserwartung, nämlich die Intentionalitätserwartung und die Legitimitätserwartung, die sich auf das philosophische Problem der Moral und der Verantwortung beziehen und in enger Verbindung mit der kommunikativen Kompetenz, der Intention und der Aufrichtigkeit der Sprecher stehen. Was die Intentionalitätserwartung betrifft, so müssen wir den anderen als Subjekt begreifen und nicht als Objekt, das wir willkürlich manipulieren könnten. Der andere muss zurechnungsfähig sein und sein Handeln durch die Angabe von Gründen rechtfertigen können. Wir nehmen also eine Idealisierung vor, die auch uns selbst betrifft, denn wir gehen davon aus, dass der andere genau wie wir selbst Gründe und Motive für ein Handeln angeben könnte, wenn man uns danach fragen würde. Wir erwarten, dass der andere als denkendes und handelndes Subjekt absichtlich die Normen befolgt, die er tatsächlich befolgt.

Die Legitimitätserwartung bedeutet, dass wir erwarten, dass die Subjekte nur die Normen befolgen, die ihnen gerechtfertigt vorkommen. Selbst dann, wenn das Subjekt einem äußeren Zwang unterliegt, erwarten wir von ihm, dass es sein Verhalten in Bezug auf allgemeine Prinzipien rechtfertigen und im Falle einer Diskussion verteidigen könnte. Alles in allem gehen wir davon aus, dass der andere ein zurechnungsfähiges Subjekt ist und sagen kann, warum er eine Norm befolgt und warum er diese Norm als gerechtfertigt betrachtet. Wollen wir einen anderen also als Subjekt anerkennen, das für sich selbst und für sein Handeln verantwortlich ist, dann müssen wir ihn notgedrungen als vernünftig betrachten, d.h. mit ihm sprechen und auf ihn rechnen können. Habermas bezieht sich auf Kamlah und Lorenzen und definiert den Begriff Vernünftigkeit wie folgt:

> Wir nennen einen Menschen vernünftig, der dem Gesprächspartner und den besprochenen Gegenständen aufgeschlossen ist, der ferner sein Reden nicht durch bloße Emotionen oder durch bloße Traditionen bestimmen lässt.[37]

Die diesbezüglichen philosophischen Diskussionen überschreiten den Rahmen der gegenwärtigen Ausführungen.
[37] Jürgen HABERMAS: « Vorbereitende Bemerkungen », a.a.O., S. 130.

Betrachten wir unsere Lebenserfahrungen (und ebenso die in den literarischen Werken erzählten Erfahrungen), dann sind diese Bedingungen natürlich bei weitem nicht erfüllt. Eine Analyse des kommunikativen Handelns zeigt persönliche Probleme und Beziehungskonflikte auf, die das Individuum in Konfliktsituationen stürzt, die es mit Hilfe des Diskurses als Ort des Argumentierens überwinden kann, denn nur hier kann es seine Entscheidungen und Handlungsmotive vernünftig begründen. Ziel des Diskurses ist es, eine wirkliche Verständigung herbeizuführen, die Zweifel des anderen auszuräumen und die Konfliktsituation zu überwinden, mit anderen Worten den Konsensus und d.h. die Harmonie mit sich selbst und mit dem anderen zu erzielen.

Das Hauptinteresse einer Interpretation literarischer Texte mit pragmatischen Begriffen liegt darin, dass die Literatur uns mitten in eine Welt der Zeichen versetzt, die den Blick auf Kommunikations- und Interaktionskontexte öffnet, in denen die Romangestalten auf dieselbe Weise miteinander konfrontiert werden wie Personen in alltäglichen Welterfahrungen. Die hier aufgestellte Parallele bedarf indes einer Klärung in Bezug auf die Spezifizität des literarischen Diskurses. Die Pragmatik analysiert die Zeichen, die in konkreten, alltäglichen Situation wahrzunehmen sind, die in literarischen Werken dargestellten Kommunikationsprozesse aber finden außerhalb dieser direkten und konkreten Wirklichkeit statt. Das besagt, dass die intersubjektiven und rückbezüglichen Kommunikationsprozesse, die den Kern der Pragmatik darstellen, nur linear beim Akt des Lesens mitverfolgt werden können. Es fragt sich also, inwiefern und wie die pragmatischen Begriffe bei der Interpretation literarischer Texte eingesetzt werden können[38].

---

[38] Die Frage bezieht sich hier auf die immanente Interpretation literarischer Texte. Ein anderer, hier nicht diskutierter Aspekt der literarischen Pragmatik betrifft die Beziehung zwischen Text und Leser, d.h. die Rezeption. Vgl. Thomas ZABKA: *Pragmatik der Literaturinterpretation,* a.a.O.

2 Rolle und Status der Literatur

2.1 Die virtuelle Welt des Romans

Im Folgenden beziehe ich mich auf die Literatur im engeren Sinn von Belletristik, d.h. auf fiktionale Romanwelten[1], die kommunikative Handlungen und soziale Interaktionen der Romangestalten vorstellen. Nährboden der Literatur ist die Eigenart und Fähigkeit des Menschen, über seine Erlebnisse anhand der Sprache nachzudenken, sie kritisch zu betrachten, zu artikulieren, zu organisieren und mitzuteilen. Wenn wir heute als aufgeklärte Leser die Lügen der Poeten und Schriftsteller weiterhin lesen oder selbst Geschichten erzählen, die in der Wirklichkeit nicht nachzuprüfen sind, dann tun wir es wahrscheinlich deshalb, weil wir meinen, die Literatur könne uns ein Mehr an Wirklichkeit übermitteln. Die Literatur ist in der Tat ein kulturelles Phänomen, das Probleme darstellt, die sich unserer Kultur und unserer Lebenswelt stellen. Unter diesem Gesichtspunkt kann die Literatur nicht von der Epoche und dem kulturellen Milieu abgesondert werden, aus denen sie hervorgeht. Sie ist das, wie Theodor W. Adorno definiert, worin sich die Gesellschaft kristallisiert[2].

Das Denken des schaffenden Künstlers steht in engem Zusammenhang mit der Gesellschaft, in der er lebt, und der Inhalt seines Werkes spiegelt die mentalen Strukturen und das kollektive Bewusstsein dieser Gesellschaft wider[3]. In diesem Sinn kann das Kunstwerk als Ausdruck der Gesellschaft verstanden werden, mit der sich der Schriftsteller dialektisch auseinandersetzt. Das bedeutet aber nicht, dass die Romanwelt ein einfacher Widerschein oder ein Abbild der erlebten

---

[1] John R. SEARLE unterscheidet zwischen Literatur und Fiktion und zitiert als Beispiel die Bibel. Als Literatur verstanden würde sie eine neutrale theologische Haltung widergeben. Spricht man indes von der Bibel als einer Fiktion, dann wäre dies eine tendenziöse Interpretation. Vgl. SEARLE: « The logical status of fictional discourse », in: *Expression and meaning. Studies in the theory of speech acts,* Cambridge University Press 1979, S. 59.

[2] Vgl. Theodor W. ADORNO: « Thesen zur Kunstsoziologie », in: *Ohne Leitbild. Parva Aesthetica,* Suhrkamp, Frankfurt a.M. 1967. Vgl. auch Hans Georg GADAMER: *Wahrheit und Methode,* a.a.O. Der Autor beruft sich auf die Historizität des Kunstwerks und entwickelt das Konzept der Horizontverschmelzung.

[3] Die historischen Romane sind unter diesem Aspekt als ein spezifisches Hineinversetzen in ein anderes Jahrhundert und ein anderes Milieu zu verstehen.

Wirklichkeit sei. Sie ist es nur insofern, als sie die *virtuellen* Tendenzen der Gesellschaft, die immer durch das Prisma des Autors betrachtet werden, in das individuelle, ebenfalls *virtuelle* Bewusstsein einer Romangestalt verlegt. In diesem Sinne kann man, so Heidegger, durch die Poesie eines Volkes hindurch erkennen, wie es um dieses Volk steht[4].

Nichtsdestoweniger stellt sich die Frage, wie die mentalen Strukturen, die das soziale Bewusstsein prägen, in die ästhetischen Strukturen des Kunstwerks eingehen? Die Idee, die sich einem aufdrängen kann, ist die, dass sich der Autor selbst in seiner Romanwelt darstellt. Man denke an den berühmten Satz von Gustave Flaubert: « Madame Bovary, das bin ich! » Schon lange vor den neueren Diskussionen im Bereich der Literaturkritik hatte Nietzsche Schlussfolgerungen dieser Art angeprangert:

> Man soll sich vor der Verwechslung hüten, in die ein Künstler nur zu leicht selbst gerät, aus psychologischer *contiguity*, mit den Engländern zu reden: wie als ob er selber das *wäre*, was er darstellen, ausdenken, ausdrücken kann. Tatsächlich steht es so, daß *wenn* er eben das wäre, er es schlechterdings nicht darstellen, ausdenken, ausdrücken würde; ein Homer hätte keinen Achill, ein Goethe keinen Faust gedichtet, wenn Homer ein Achill und wenn Goethe ein Faust gewesen wäre[5].

Die von der gegenwärtigen Literaturkritik ausnahmslos geteilte Ansicht, dass es zwischen dem Leben des Autors und dem Werk zu differenzieren gilt, schließt jedoch nicht aus, dass Verbindungen bestehen können zwischen den Erfahrungen des Autors im Leben und den im literarischen Werk erzählten Erfahrungen.

Die Stichhaltigkeit einer Analyse, die sich damit begnügen würde, diese Verbindungen aufzuzeigen ohne gleichzeitig zu fragen, welche Bedeutung die mehr oder minder verkleidete Aufnahme einer Episode aus dem Leben des Autors innerhalb des literarischen Rahmens hat, kann meines Erachtens jedoch angezweifelt werden. Natürlich kann und wird ein Autor bestimmte Lebenserfahrungen in sein Werk einschreiben, dies aber in Form von überdachten, kritischen Urteilen und in einer Sinnkonstellation, die wohl kaum die seiner erlebten Erfahrung entspricht. Arnold Gehlen behauptet zu Recht, dass jedes Kunstwerk ästhetisch gebrochene Emotionen voraussetzt[6]. Diese mit einem ursprünglichen Erlebnis verbundene Ausgangsemotion ist wohl eine notwendige, aber keine hinreichende Bedingung des künstlerischen Ausdrucks. Obwohl der Autor von einer gegebenen Realität ausgehen mag, beschränkt er sich keineswegs auf die Wiedergabe von Emotionen erster Hand. Die Intelligenz

---

[4] Vgl. Gunnar SKIRBEKK und Nils GILJE: « Die Krise der Moderne bei Martin Heidegger – durch die Dichtung », in: *Geschichte der Philosophie II*, Suhrkamp, Frankfurt a.M. 1993, S. 892–896.
[5] Friedrich NIETZSCHE : *Genealogie der Moral (1886-7)*, Wilhelm Goldmann, 1992, Tb Nr. 7556, München, S. 89.
[6] Vgl. Arnold GEHLEN: *Zeit-Bilder. Zur Soziologie und Ästhetik der modernen Malerei*, Athenäum, Frankfurt a.M. 1965.

und die Reflexion hemmen diese Ausgangsemotion und hindern den Autor daran, sich unmittelbar zu entlasten. Auf Grund dieser Hemmung können andere Motive mit hinzukommen, wie Erinnerungen, Assoziationen, Gefühle, Bilder und Gedanken. Durch den Prozess der künstlerischen Übertragung wird die emotionale Erfahrung kritisch bearbeitet und organisiert[7]. Ingeborg Bachmann betont, wie wichtig die eigene Erfahrung mit der Sprache und den Gebilden ist, die mit dem Stempel Literatur versehen sind. Sie schreibt:

> Und doch ist ja die Erfahrung die einzige Lehrmeisterin. Wie gering sie auch sein mag – vielleicht wird sie nicht schlechter beraten als ein Wissen, das durch so viele Hände geht, gebraucht und missbraucht oft, das sich oft verbraucht und leer läuft, von keiner Erfahrung erfrischt[8].

Aber, so könnte man einwenden, stellt diese Verbindung zwischen der Erfahrung im Leben und der in der Literatur erzählten Erfahrung nicht die Autonomie des Kunstwerks in Frage? Das literarische Werk ist eine Umwandlung von Lebenserfahrungen in sprachliche Zeichen, die ihrerseits wieder in Sprache und Sinn umgewandelt werden müssen, oder wie es Hans Georg Gadamer formuliert:

> Alles Schriftliche ist (…) eine Art entfremdete Rede und bedarf der Rückverwandlung der Zeichen in Rede und in Sinn.[9]

Daraus kann gefolgert werden, dass die Welt der Literatur eine zugleich offene und geschlossene Welt ist. Sie ist eine geschlossene Welt, weil sie, ist sie einmal abgeschlossen, in den Grenzen ihrer vergegenständlichten Form verbleibt. Sie ist eine offene Welt, weil sie zum einen eine von der Erkenntnis und den Gefühlen des Autors vermittelte Wirklichkeit darstellt. Dieser lässt sein eigenes Urteil als Beobachter der Wirklichkeit in die dargestellte Welt eingehen. Zum anderen ist diese Welt offen, weil sie das Bewusstsein des Lesers antizipiert. Ausgehend vom Geist seiner Epoche, reagiert der Leser auf den Text und verleiht den abstrakten Zeichen einen Sinn, in den auch seine eigenen Kenntnisse, Urteile und Gefühle eingehen:

> Ein Buch hat keinen vorgefassten Sinn, es ist keine Enthüllung oder Offenbarung, die wir zu erdulden haben, sondern eine Reserve an Formen, die auf Sinn warten (…) den ein jeder für sich selbst hervorbringen muss[10].

---

[7] Vgl. Arnold GEHLEN: *Zeit-Bilder. Zur Soziologie und Ästhetik der modernen Malerei*, a.a.O., S. 128.
[8] Ingeborg BACHMANN: *Frankfurter Vorlesungen. Probleme zeitgenössischer Dichtung*, R. Piper & Co., München 1980, S. 8.
[9] Hans Georg GADAMER: *Wahrheit und Methode*, a.a.O., S. 371.
[10] Gérard GENETTE: *Figures I*, a.a.O., S. 132. Vgl. Umberto ECO: *Das offene Kunstwerk*, a.a.O. und *Lector in Fabula*, a.a.O., in denen auf die Vieldeutigkeit und die virtuelle Öffnung des Werkes sowie auf die Mitarbeit des Lesers verwiesen werden, was die verschiedenstartigen Rezeptionen hervorbringt.

Zur Strategie des Autors, der den Leser dazu verführen will, die erzählten Erfahrungen mit ihm zu teilen, gesellt sich notgedrungen der Argwohn des Lesers, der letztendlich entscheidet, welchen Sinn er dem Text zuschreibt.

2.2 Die mimetische Funktion der Literatur

Für Johann Wolfgang von Goethe ist die Kunst die große Vermittlerin[11] und keine Imitation der Natur, wie es die Auslegung des Begriffs *Mimesis* bis in das 18. Jahrhundert verstand[12]. In seiner Abhandlung zur Kunst und Literatur liefert er uns ein Gespräch über die Wahrheit und Wahrscheinlichkeit des Kunstwerks, die den Abstand zwischen Wirklichkeit und Kunstwerk veranschaulicht[13]. Der Rechtsanwalt eines Künstlers fragt einen begeisterten Opernzuschauer, ob er eine Darstellung als wahr betrachten kann, in der sich die Leute singend begegnen und singend ihre Liebe, ihren Hass oder ihre Leidenschaften kundtun. Der Zuschauer ist perplex und verstört und gesteht, dass solche Begegnungen wohl unwahrscheinlich sind. Nichtsdestoweniger betont er, dass das Gefühl, das ein solches Werk in ihm hervorruft, keineswegs eine Täuschung genannt werden könne.

Daraufhin erklärt der Rechtsanwalt, dass Wortspiele dieser Art einem Bedürfnis unseres Geistes entsprechen. Wir sehen auf der Bühne, was sich in uns selbst abspielt, ohne dass wir es mit Worten aussprechen könnten, und wir pflichten dem Dargestellten bei, solange es ein harmonisches Ganzes ist. Daraus ergebe sich, so der Rechtsanwalt, dass die Wahrheit der Kunst und die Wahrheit der Natur verschiedene Dinge sind und dass sich der Künstler nicht als Aufgabe setzen solle, sein Werk wie Natur erscheinen zu lassen. In dem Maße wie sein Werk das Werk eines menschlichen Geistes ist, ist es auch ein Werk der Natur.

Ähnlich rekurriert Aristoteles auf die Irrealität oder Potentialität des erdichteten Geschehens und betont, dass es « nicht die Aufgabe des Dichters ist, zu berichten, was geschehen ist, sondern vielmehr, was geschehen könnte und was möglich wäre.[14] » Die Welt des Romans stellt in der Tat eine Parallelwelt zur Wirklichkeit dar, und die Imitation als solche beschränkt sich auf die Darstellung einer nicht-verbalen Welt mit verbalen Mitteln[15]. So verstanden ist die Mimesis eine Rekonstruktion der Realität im imaginären Bereich der Zeichen. « Literarische Welt zeigt eine Welt als eine bestimmte Wirklichkeit. Sie gehört

---

[11] Vgl. Johann Wolfgang GOETHE: « Maximen und Reflexionen », in: *Goethe,* Bd. 12 « Kunst und Literatur », Beck, Hamburger Ausgabe 1987, S. 367.
[12] Vgl. Gunter GEBAUER und Christoph WULF: *Mimesis,* a.a.O., « Zur Entstehung des Begriffs », S. 44–49.
[13] Vgl. Johann Wolfgang GOETHE: « Wahrheit und Wahrscheinlichkeit der Kunstwerke », in: *Werke 12. Kunst und Literatur*, S. 67–73.
[14] ARISTOTELES: *Poetik,* 1451 b.
[15] Vgl. Gérard GENETTE: *Figures II,* Seuil, Paris 1969.

zu den symbolischen Welterzeugern[16].» Ziel des Dichters oder Künstlers ist es nicht, die Realität zu kopieren, sondern sie umzuformen und zu verändern, um auf diese Weise die Strukturen und das Funktionieren dieser Realität besser zu erhellen. In eben diesem Sinne kann man mit Walter Benjamin sagen, Mimesis gründe sich auf die Fähigkeit, Ähnlichkeiten zu erfassen[17]. Die mimetische Funktion der Literatur besteht in der Erfindung einer neuen Welt, einer imaginären Welt, die sich neben oder über die alltägliche Welt stellt. Eine solche Auffassung vom künstlerischen Schaffen schließt an Kants berühmtes Diktum an, demzufolge der Künstler die Welt nicht so darstellt, wie sie ist, sondern so, wie sie ihm erscheint. Auch Gadamer wird an diesem Punkt ansetzen und Mimesis als die Fähigkeit bestimmen, eine Welt allererst hervorzubringen. Er erläutert dies am Leitfaden des Spiels:

> Der Zuschauer vollzieht nur, was das Spiel als solches ist.
>
> Das ist der Punkt, an dem sich die Bestimmung des Spieles als eines medialen Vorgangs in seiner Wichtigkeit erweist. Wir hatten gesehen, daß das Spiel nicht im Bewußtsein oder Verhalten des Spielenden sein Sein hat, sondern diesen im Gegenteil in seinen Bereich zieht und mit seinem Geiste erfüllt. Der Spielende erfährt das Spiel als eine ihn übertreffende Wirklichkeit[18] (...) Das Dargestellte ist da – das ist das mimische Urverhältnis. Wer etwas nachahmt, lässt das da sein, was er kennt und wie er es kennt[19].

Mimesis ist also nichts, das auf ein Anderes verweist, welches sein Modell oder gar Original wäre, Mimesis ist vielmehr etwas, was für sich selbst existiert und einen Sinn hat.

Was im Mikrokosmos des Romans geschieht kann als paradigmatisches Geschehen im Makrokosmos unserer sozialen Wirklichkeit gelten. Die Zeichenwelt des Romans ist gleichermaßen ein « Signifikant », der auf das « Signifikat », nämlich auf die konkreten, erlebten Erfahrungen verweist. Es handelt sich ganz einfach um eine referentielle Illusion, die zwar als Illusion wahrgenommen wird, als Illusion aber eine unleugbare Anziehungskraft ausübt. Bei der Lektüre gibt sich der Leser einer Art Doppelbewegung hin: er projiziert sich in die Welt des Romans hinein, um die referentielle Illusion in seiner Wahrnehmung aufzubauen; und strebt gleichzeitig danach, diese Illusion als Illusion festzuhalten. Er befindet sich beim Lesen somit in einem Schwebezustand, bzw. in einem Zustand der Aufhebung der Wirklichkeitswahrnehmung. Ein Roman erzählt uns eine Geschichte, an die wir glauben. Es ist eine Welt der Fiktion, die uns eine Zeitlang so erscheint, als sei es eine wirkliche Welt, und doch bleibt sich der Leser stets dessen bewusst, dass es sich um eine

---

[16] Günter GEBAUER & Christoph WULF: *Mimesis*, a.a.O., S. 36.
[17] Vgl. Walter BENJAMIN: « Illuminationen », in: *Ausgewählte Schriften*, Suhrkamp, Frankfurt a.M. 1969.
[18] Hans Georg GADAMER: *Wahrheit und Methode*, a.a.O., S. 104.
[19] Ibid., a.a.O., S. 108.

Scheinwelt handelt, die nur in dieser singulären ästhetischen Anordnung existiert.

Zum Erschaffen der Welt des Kunstwerks gesellt sich das Vergnügen, das Dichter und Leser an dieser Welt empfinden. Sigmund Freud, der bekanntlich ein großer Liebhaber der Literatur war, hat sich mit der Frage des ästhetischen Genusses auseinandergesetzt und diesen in einen Bezug zum kindlichen Spiel gebracht:

> Der Dichter tut nun dasselbe wie das spielende Kind; er erschafft eine Phantasiewelt, die er sehr ernst nimmt, mit großen Affektbeträgen ausgestattet, während er sie von der Wirklichkeit scharf sondert. Und die Sprache hat diese Verwandtschaft von Kinderspielen und poetischem Schaffen festgehalten[20].

Wer möchte die Freude verneinen, die wir verspüren, wenn wir dem Schicksal einer Romangestalt folgen, die Freude, die wir empfinden, wenn wir uns in Abenteuer begeben, die uns in Wirklichkeit zu nichts verpflichten?

Die literarische Verzauberung beruht auf der Freiheit und Willkürlichkeit dieser imaginären Eskapaden und der Nähe des weit Entfernten. Das Sich-Projizieren in eine andere Zeit, in Vergangenheit oder Zukunft, oder in einen anderen Raum, einen wirklichen oder erfundenen, ist der Kern der literarischen Erfahrung. Und dieses weit Entfernte ist paradoxerweise so nahe; es verwandelt und verklärt die erzählte Gegenwart dank der Projektion des Lesers in die vorgestellte Welt. Doch in der Freude am Spiel der Kunst erkennt Freud noch eine weitere projektive Funktion. Das Sich-Hineinprojizieren in die imaginäre Welt der Literatur ist ein Ersatz von Wunscherfüllungen, der einem Urbedürfnis des Menschen entspricht. Die Darstellung der dichterischen Phantasie bietet dem Leser einen ästhetischen Lustgewinn, Freud fasst ihn mit dem Begriff Verlockungsprämie bzw. Vorlust und zwar deshalb, weil der Dichter den Leser in die Lage versetzt, die eigenen Phantasien ohne Vorwurf und ohne Schämen zu genießen:

> Ich bin der Meinung, daß alle ästhetische Lust, die uns der Dichter verschafft, den Charakter solcher Vorlust trägt, und daß der eigentliche Genuß des Dichtwerkes aus der Befreiung von Spannungen in unserer Seele ausgeht[21].

Der peruanische Schriftsteller Mario Vargas Llosa erklärt dieses psychologische Bedürfnis des Menschen nach Literatur auf ähnliche Weise:

> Wenn wir Romane lesen, sind wir nicht nur wir selbst; wir sind auch die verzauberten Wesen, zwischen die uns der Romancier versetzt. Dieser Vorgang kommt einer Metamorphose gleich: das erstickende Gefängnis unserer wirklichen Welt tut sich auf, und wir treten hinaus als andere, und erleben per Prokura die Erfahrungen, die die Fiktion zu unseren macht. Ein hellsichtiger Traum, Gestalt gewordene Phantasie; die Fiktion ergänzt uns verstümmelte Wesen, denen die

---

[20] Sigmund FREUD: « Der Dichter und das Phantasieren », in: *Werke VII,* a.a.O., S. 214.
[21] Ibid., a.a.O., S. 223.

grausame Dichotomie auferlegt wurde, nur ein einziges Leben zu leben, und die Fähigkeit, tausend zu wünschen. Diesen Raum zwischen dem wirklichen Leben und den Wünschen und Phantasien, die es reicher und anders wollen, füllen die Fiktionen aus[22].

Die mimetische Funktion der Literatur als Spiel und Vergnügen gewinnt mit diesen Erläuterungen einen ernsten, bereichernden Hintergrund, der noch vertieft wird, wenn man die epistemische Valenz der Kunst miteinbezieht[23].

2.3 Die kognitive Funktion der Literatur

Literatur ist also mehr als Vergnügen oder reiner Zeitvertreib. So wie man sich nicht an der Freude erfreut, sondern immer an etwas, das diese Freude erweckt, so geht auch die Freude am Lesen mit der Freude am Lernen einher, das Erlernen der Wahrheit mittels der Lügen der Dichter[24]. Durch die Lügen hindurch vermittelt uns die Dichtung eine eigentümliche Wahrheit, derer wir sonst nicht teilhaft geworden wären. Ein eigentümlicher Reiz der Literatur, und das gilt vor allem für den Roman, liegt in ihrer kognitiven Funktion, d.h. in der Tatsache, dass die Erfahrungen der Romangestalten als wahre Lebenserfahrungen dargestellt werden, folglich als Erfahrungen, die der Leser möglicherweise auf sich selbst beziehen oder übertragen kann. Aristoteles schreibt dazu:

> Man findet Gefallen an Bildern, weil man etwas lernt, wenn man sie anschaut (…) Lernen ist eine große Freude nicht nur für die Philosophen, sondern gleichfalls für alle anderen Menschen[25].

Literatur ist wie ein imaginäres Experimentierlabor; sie übt eine lehrhafte und stimulierende Wirkung auf den Intellekt aus. Ein außergewöhnliches Beispiel liefert uns Sigmund Freud in eigener Person. Er erzählt, wie seine Lektüre des *König Ödipus* von Sophokles und des *Hamlet* von Shakespeare ihn inspiriert und ihm geholfen habe bei der Erarbeitung seiner grundlegenden theoretischen Begriffe, insbesondere dem Ödipuskomplex.

Die Maxime, « unterhalten, um zu lernen », die immer wieder laut wird, so auch bei Bertolt Brecht, ist das A und O in der Beziehung zwischen dem Leser und dem literarischem Werk. Die Literatur öffnet uns eine Welt und bietet ein Mehr an Leben. Sie ist ein Experimentieren mit fiktiven Situationen, in die sich der Leser hinein versetzen kann. Auf diese Weise wird die literarische Erfahrung zu

---

[22] Mario VARGAS LLOSA: *La verdad de la mentiras* [*Die Wahrheit der Lügen*], Alfaguara, Madrid 2002, S. 21.
[23] Hans Georg GADAMER: *Wahrheit und Methode*, a.a.O., S. 108.
[24] Vgl. René GIRARD: *Mensonge romantique et vérité romanesque*, Grasset, Paris 1961. Aus dem Französischen übersetzt von Elisabeth Mainberger-Ruh: *Figuren des Begehrens. Das Selbst und der Andere in der fiktionalen Realität*. 2. Auflage. LIT, Münster, Wien, u.a. 2012.
[25] ARISTOTELES: *Poetik 1448 b*.

einer Lebenserfahrung. Mit anderen Worten, die Literatur reißt uns aus unserer Lebenswelt heraus, um uns dieser Lebenswelt näher zu bringen und unseren Blick zu schärfen und zu bereichern. Sie ist der Ort, an dem sich unsere Träume, unsere Neugier auf andere Welten, auf ein anderes Schicksal und unser Wunsch nach neuen Erkenntnissen miteinander vereinen; sie hilft uns, uns selbst kennenzulernen.

> Auch die ästhetische Erfahrung ist eine Weise des Sich-Verstehens. Alles Sichverstehen vollzieht sich aber an etwas anderem, daß da verstanden wird, und schließt die Einheit und Selbigkeit dieses anderen ein. Sofern wir in der Welt dem Kunstwerk und in dem einzelnen Kunstwerk einer Welt begegnen, bleibt dieses nicht ein fremdes Universum, in das wir auf Zeit und Augenblick hineinverzaubert sind. Vielmehr lernen wir uns in ihm verstehen (…) Die Erfahrung der Kunst darf nicht in die Unverbindlichkeit des ästhetischen Bewusstseins abgedrängt werden. (…) Kunst ist Erkenntnis und die Erfahrung des Kunstwerks macht dieser Erkenntnis teilhaftig[26].

Hier ist das epistemische Potential von Kunst deutlich markiert. Der Schriftsteller antwortet mit seinem Buch auf Probleme, die sich seinem Leben und seiner Epoche stellen. Der Leser, seinerseits, befindet sich angesichts des Buches in der Situation eines Kritikers, des Beurteilers. So wie sich der Autor beim Schreiben Fragen zu seiner Lebenswelt stellt, so stellt sich der Leser Fragen zur fiktionalen Welt des Buches, in dem er entdecken kann, was er nur latent oder gar nicht wusste. Pragmatisch ausgedrückt treten Autor und Leser auf diese Weise in einen prinzipiell unabschließbaren Dialog.

Kafka schreibt:

> Derjenige, der mit dem Leben nicht lebendig fertig wird, braucht die eine Hand, um die Verzweiflung über sein Schicksal ein wenig abzuwehren – es geschieht sehr unvollkommen – mit der andern Hand aber kann er eintragen, was er unter den Trümmern sieht, denn er sieht anderes und mehr als die anderen (…)[27].

Dies Mehr- und Anders-Sehen ist, rezeptionsästhetisch gewendet, ein Spezifikum literarischer Texte. Sie bieten dem Leser ein Identifizierungsangebot, in dem er durch einen anderen hindurch in sich selbst lesen kann, unabhängig von den Absichten, die der Autor intendiert. Was Genette in Bezug auf Marcel Prousts Werk sagt, kann meines Erachtens ganz allgemein auf die Literatur bezogen werden, nämlich dass es ein optisches Instrument ist, das der Autor dem Leser anbietet, um ihm zu helfen, in sich selbst zu lesen[28].

---

[26] Hans Georg GADAMER: *Wahrheit und Methode*, a.a.O., S. 92.
[27] Franz KAFKA: Eintrag vom 19. Okt 1921, in: *Tagebücher Bd. 2, 1914 – 1923, Gesammelte Werke in zwölf Bänden,* krit. Ausgabe von Hans-Gerd Koch, Fischer Tb Nr. 12451, Frankfurt a.M. 1994, S. 190.
[28] Vgl. Gérard GENETTE: *Figures III*, a.a.O., S. 267.

So können wir Literatur als eine Gedankenerfahrung verstehen, deren wesentliche Funktion darin besteht, mit Hilfe der Sprache Erfahrungen zu generieren, die nicht sind, aber sein könnten.

2.4 Die pragmatische Frage nach der Referenz

Die vorangehenden Überlegungen zur Literatur geben nähere Hinweise zum Sinn und zur Rolle der Literatur im Allgemeinen, lassen aber die Frage nach der Referenz offen, die ein wesentliches Element im pragmatischen Dreieck ist[29]. Festgehalten wurde, dass das, wovon die Literatur spricht, nicht objektiv ist, vielmehr als referentielle Illusion besteht. Das besagt, dass sich die Literatur den Kriterien der Wahrheit und der Aufrichtigkeit entzieht, welche die notwendigen Bedingungen für eine pragmatische Hinterfragung der kommunikativen Kompetenz bilden. Das Eigentliche des literarischen Diskurses liegt ja gerade in seiner Entkontextualisierung. Dann aber stellt sich die Frage: welchen illokutionären Wert kann man dem literarischen Diskurs dennoch zuschreiben?

Die literarischen Aussagen stellen insofern ein sprechakttheoretisches Problem dar, als der Sprecher und der Adressat nicht im selben Äußerungskontext stehen, wenn wir die Ebene Autor – Leser im Auge behalten. Hier findet kein direkter Gesprächsaustausch statt. Anders verhält es sich, wenn wir bei der Analyse immanent vorgehen und auf der fiktionalen Ebene verbleiben. In der Beziehung der Romangestalten zueinander gibt es einen wahren Gesprächsaustausch, für den auch die üblichen Regeln der Sprechakte gelten. Der logische Status des fiktionalen Diskurses steht deshalb im Zentrum der Untersuchungen Searles:

> We might put the problem in form of a paradox: how can it be both the case that words and other elements in a fictional story have their ordinary meanings and yet the rules that attach to those words and other elements and determine their meanings are not complied with?[30]

Im fiktionalen Sprechakt hält sich der Autor nicht an die konstitutiven Regeln einer Behauptung, obgleich die Äußerungen durch dieselben linguistischen Regeln wie die der Satzelemente bestimmt werden:

> The author pretends to perform illocutionary acts by way of actually uttering (writing) sentences. In the terminology of *Speech Acts*, the *illocutionary act* is pretended, but the *utterance act* is real[31].

---

[29] Vgl. Kapitel I.1 Das pragmatische Dreieck, insb. S. 18 « Sprecher – Referenz – Adressat. »

[30] John R. SEARLE: « The logical status of fictional Discourse », in: *Expression and meaning* (S. 58–75), Cambridge University Press 1979, S. 58.

[31] John R. SEARLE: « The logical status of fictional discourse », in: *Expression and meaning*, a.a.O., S. 68.

Der Autor stellt keine Wahrheit, keine wahren Aussagen vor; er *tut nur so*, als behaupte er etwas *(pretended assertion)*, mit anderen Worten, er beachtet nicht die Aufrichtigkeitsregel, die in der normalen Sprache gilt. Das bedeutet aber nicht, dass er die Absicht hat, den Adressaten zu täuschen. In der Tat fehlt es ihm nicht an Aufrichtigkeit, denn er gibt ja nicht vor, dass die Romangestalt in Wirklichkeit existiert und dies oder jenes zu jenem Zeitpunkt und an jenem Ort gesagt oder getan hat. Sie ignorieren ganz einfach die kontextuellen Bedingungen der fiktionalen Kommunikation, weil sie sich der kulturellen Konventionen bewusst sind, die für das literarisch Dargestellte gelten.

Die illokutionären Akte des Romanschriftstellers stehen aber trotz alledem auf der gleichen Stufe wie die üblichen illokutionären Akte; der Autor stellt Fragen, macht Versprechen, erläutert, beschreibt usw. Doch seine Absicht ist nicht die, Behauptungen über die Wirklichkeit zu geben, sondern Geschichten zu erzählen. Laut Searle gehört der fiktionale Diskurs deshalb zu einer anderen Gruppe von illokutionären Akten als der Diskurs der Alltagssprache. In der Haltung des Sprechers werde der illokutionäre Wert der Aussage in eine Art Schwebezustand verlagert, was auch der besonderen Haltung des Lesers entspricht. Die angelsächsische Literaturkritik nennt diese Haltung *suspension of disbelief*[32], was besagt, dass der Leser momentan seine Zweifel angesichts der erzählten Wirklichkeit aufhebt, weil er weiß, dass die Welt der Fiktion eine Welt der Irrealität ist[33]. Er hebt dieses Wissen auf, um seine Freude beim Lesen zu erhöhen.

Ein weiteres Theorem Searles besteht darin, dass die fiktionalen Äußerungsakte keine «ernsten» Akte sind, da ihnen die Referenz in der pragmatischen Wirklichkeit fehlt. Im Gegensatz zum ernsten Diskurs, bei dem der Sprecher auf eine ernste und wirkliche Sache verweist, verpflichtet sich der Autor in der Literatur zu nichts. Das heißt aber nicht, dass das Schreiben eines Romans eine nicht ernste Angelegenheit ist. Was nicht ernst ist, ist die Behandlung objektiver Wahrheiten. Schreibt der Autor z.B., dass es in Strömen regne, so ist das in dem Maße nicht ernst gemeint, als das Wetter draußen beim Schreiben einer Geschichte überhaupt keine Rolle spielt.

Demgegenüber ist die Behauptung aber ernst, wenn wir sie auf die immanente Ebene der Romangestalten und des Romangeschehens beziehen. Wir als Leser wissen ebenso gut wie der Autor, dass Gretchen im *Faust* nie existiert hat. Es gibt keinen Anspruch auf Wahrheit, weil es keinen direkten semantischen Bezug zwischen den Zeichen der Romanwelt und den Zeichen der Wirklichkeit gibt.

---

[32] Vgl. John R. SEARLE, ibid., S. 60. Vgl. Jochen VOGT: «Die Erzählung als Fiktion», in: *Aspekte erzählender Prosa*, a.a.O., S. 17.

[33] Hier sei an Don Quichotte erinnert: Sein Problem liegt gerade darin, dass er nicht diese Haltung annimmt. Seine Abenteuer gründen auf einer Verwechslung von Wirklichkeit und Fiktion, und er hält die Legenden für Wirklichkeit.

Aus diesem Grund bezeichnet Gadamer die poetische Aussage als spekulative Aussage, denn sie bietet eine neue Sicht auf eine neue Welt:

> Und ein Gedanke ist spekulativ, wenn sich das in ihm ausgesagte Verhältnis nicht als die eindeutige Zusprechung einer Bestimmung zu einem Subjekt, einer Eigenschaft zu seinem gegebenen Ding denken lässt, sondern als ein Spiegelverhältnis gedacht werden muss, in dem das Spiegelnde selber die reine Erscheinung des Gespiegelten ist, wie das Eine das Eine des Andern und das Andere das Andere des Einen ist[34].

Die Romanwelt sagt nicht, was geschieht, so Aristoteles, sondern was geschehen könnte und was möglich wäre. Als Beispiel hierfür sei der Anfang des Romans *Der Mann ohne Eigenschaften* angeführt:

> Über dem Atlantik befand sich ein barometrisches Minimum; es wanderte ostwärts, einem über Russland liegenden Maximum zu, und verriet noch nicht die Neigung, diesem nördlich auszuweichen Die Isothermen und Isotheren taten ihre Schuldigkeit (…)[35].

Dieser Text liest sich wie ein Wetterbericht. Der Leser kann aber nicht nachprüfen, ob dieser Bericht tatsächlich dem Wetter an jenem Ort und jenem Tag entsprach. Ein Nachprüfen dieser Art wäre auch völlig uninteressant, der Leser ist offenbar an der Wahrheit dieser Angaben nicht interessiert; er liest die erzählte Welt als eine mögliche andere, parallele Welt. Was ihn interessiert, ist nicht der Wetterbericht als solcher, sondern die Frage, wie die Romangestalt auf dieses Wetter reagieren kann.

Der Begriff der Handlungserwartung spielt nicht allein im kommunikativen Handeln eine große Rolle, sondern auch in der Beziehung des Lesers zum literarischen Text. Die Identifizierung der Art des Diskurses, nämlich die Angabe « Roman » ist notwendig und ausreichend zur Orientierung der Erwartung des Lesers. Die literarischen Angaben zum Wetter und zum Ort sind folglich kein Täuschungsmanöver. Sie stecken nur den Orientierungsrahmen ab, der dem Leser hilft, die fiktionale Welt auf der Basis von Sprachkategorien zu situieren. Bei fiktionalen Texten dienen die Angaben zur Welt der historischen Wirklichkeit (Ort, Zeit, Ereignisse, Personen) als Modelle, und die Tatsache, dass sie in eine fiktionale Welt hineinversetzt werden, hat zur Folge, dass sie fiktionalisiert werden. Die meisten fiktionalen Texte sind eine Mischung aus Wirklichkeitsaussagen und fiktionalen Aussagen. In diesem Sinn bezeichnet

---

[34] Hans Georg GADAMER in: « Die Mitte der Sprache und ihre spekulative Struktur », in: *Wahrheit und Methode*, a.a.O., S. 442.
[35] Robert MUSIL: *Der Mann ohne Eigenschaften (1930)*. Obiges Beispiel wird von Jochen VOGT angeführt im Kapitel « Die Erzählung als Fiktion », in: *Aspekte erzählender Prosa*, a.a.O., S. 14. Vogt bezieht sich insbesondere auf Käte HAMBURGER, die ihrerseits auf die Sprachtheorie von Karl BÜHLER zurückgreift, in: *Die Logik der Dichtung* (1957).

Genette den fiktionalen Diskurs als ein *patchwork*³⁶. Das einzige für den Roman geltende Kriterium bleibt dasjenige der Wahrscheinlichkeit, von dem Aristoteles spricht. Ein Roman erzählt uns eine Geschichte, die sich in einer fiktionalen Welt abspielt, die den Anschein der wirklichen Welt hat.

2.5 Literarische Sprache und Alltagssprache

Die formale Literaturkritik hat lange nach Kriterien für eine spezifische literarische Sprache gesucht, um eine Antwort auf die Frage zu finden, was einen literarischen Text zur Literatur macht und ihn somit wesenhaft von einem anderen Text unterscheidet. Der Begriff der Literarizität bzw. Poetizität, der die künstlerischen Qualitäten und den sprachästhetischen Charakter eines dichterischen Werkes bezeichnet, spielt hierbei eine wesentliche Rolle:

> Die poetische Sprache wird in Bezug auf die Prosa als Abweichung in Bezug auf eine Norm gekennzeichnet³⁷.

Gewisse Textelemente scheinen diese Behauptung zu bekräftigen. Die Einschübe « verriet noch nicht die Neigung » oder «taten ihre Schuldigkeit» im obigen Beispiel des *Mann ohne Eigenschaften* sind subjektive Bewertungen, die normalerweise nicht in einem Wetterbericht zu finden sind. Es handelt sich hier um Anspielungen auf die Fiktionalität des Erzählten. Diese kommt insbesondere durch den Gebrauch der linguistischen Zeitformen zum Ausdruck. Das Präteritum ist der Erzählmodus *par excellence*. Im Gegensatz zur Alltagssprache, in der die Vergangenheitsformen etwas in der Vergangenheit Liegendes bezeichnen, weist das Präteritum in einem literarischen Text auf ein fiktives, gegenwärtiges Geschehen. Es wird oft zusammen mit deiktischen Zeitadverbien wie « bald » oder « morgen » gebraucht, die in Aussagen zur Wirklichkeit eher mit der Gegenwart oder der Zukunft kombiniert werden. Jochen Vogt zitiert in diesem Zusammenhang ein Beispiel von Käte Hamburger: « Aber am Vormittag hatte sie den Baum zu putzen. Morgen war Weihnachten. »³⁸ Hier wird ein episches und stilistisches Mittel zur Hervorbringung der Illusion einer fiktiven Gegenwärtigkeit angewandt, um den Leser in eine imaginäre Parallelwelt zu versetzen, in der er sich als gleichzeitig zum Geschehen empfindet. Das Eigentliche der Tempora der Fiktion besteht in der Zeitlosigkeit der Fiktion, die im Gegensatz zur historischen Zeitbestimmung steht. Hans Georg Gadamer erläutert dies folgendermaßen:

> Jedenfalls kommt dem Sein des Kunstwerks 'Gleichzeitigkeit' zu. Sie macht das Wesen des 'Dabeiseins' aus. Sie ist nicht die Simultaneität des ästhetischen

---

³⁶ Vgl. Gérard GENETTE: *Fiktion und Diktion,* aus dem Französischen übersetzt von Heinz Jatho, Wilhelm Fink, München 1992.
³⁷ Gérard GENETTE: *Figures II*, a.a.O., S. 127.
³⁸ Jochen VOGT zitiert dieses Beispiel von Käte Hamburger, in: *Aspekte erzählender Prosa,* a.a.O., S. 30. Vgl. Fußnote 32.

Bewußtseins. Denn diese Simultaneität meint das Zugleichsein und die Gleich-Gültigkeit verschiedener ästhetischer Erlebnisgegenstände in einem Bewußtsein. 'Gleichzeitigkeit' dagegen will hier sagen, daß ein Einziges, das sich uns darstellt, so fernen Ursprungs es auch sei, in seiner Darstellung volle Gegenwart gewinnt. Gleichzeitigkeit ist also nicht eine Gegebenheitsweise im Bewußtsein, sondern eine Aufgabe für das Bewußtsein und eine Leistung, die von ihm verlangt wird. Sie besteht darin, sich so an die Sache zu halten, daß diese 'gleichzeitig' wird, d.h. aber, daß alle Vermittlung in totaler Gegenwärtigkeit aufgehoben ist[39].

Dieses epische Mittel beeinflusst den literarischen Kommunikationsprozess und projiziert den Leser auf die von der Romangestalt erlebte Zeitebene. Jochen Vogt verweist in diesem Zusammenhang auf Jean Paul Sartre, der bestimmt hatte, dass der Roman sich wie das Leben in der Gegenwart abspiele, während die Vergangenheitsform ein künstlerisches Artefakt sei. Ähnlich beschreibt es Alfred Döblin:

> Es ist vollkommen gleichgültig und eine rein technische Frage, ob der Epiker im Präsens, Imperfekt oder Perfektum schreibt, er wird diese Modi wechseln, wo es ihm gut dünkt. (…) Für jeden, der ein episches Werk liest, laufen die Vorgänge, die berichtet werden, jetzt ab, er erlebt sie mit, da kann Präsens, Perfektum oder Imperfekt stehen…[40].

Ganz allgemein funktionieren die Zeitformen im Roman um einen Grad zurückgestuft. So wird der Autor das Präteritum wählen, um ein gegenwärtiges Geschehen darzustellen, und das Plusquamperfekt, um ein vergangenes Geschehen darzustellen.

Kann man aber daraus folgern, dass es eine genuin poetische Sprache gibt? Käte Hamburger zufolge strukturieren die fiktionalen Signale ja gerade die Unterscheidung einer alltäglichen pragmatischen Sprache und einer Sprache der Poesie. Das dürfe aber keineswegs zur Behauptung führen, es gebe zwei verschiedene Sprachen, denn die poetische Sprache gründet auf derselben logischen Struktur wie die Aussagen zur Wirklichkeit[41].

Searle, der das 1957 von Hamburger publizierte Buch wahrscheinlich nicht kannte, kommt zur selben Schlussfolgerung. Wolle jemand vorgeben, die Fiktion enthalte illokutionäre Akte, die anders seien als die illokutionären Akte unserer Alltagswelt, der müsse zugleich zugeben, dass die Wörter eine unterschiedliche Semantik besitzen:

---

[39] Hans Georg GADAMER: « Die Zeitlichkeit des Ästhetischen », in: *Wahrheit und Methode,* a.a.O., S. 121. Vgl. Jochen VOGT, der den Begriff der Zeitlosigkeit bei Käte Hamburger erläutert, S. 29, insbesondere das Kapitel « Die Zeit der Erzählung », S. 95–142. Vogt bezieht sich ebenfalls auf das Standardwerk von Eberhard LÄMMERT, *Bauformen des Erzählens (1955).*
[40] Alfred DÖBLIN: *Der Bau des epischen Werkes (1929),* zitiert von Jochen VOGT, in: *Aspekte erzählender Prosa,* a.a.O., S. 35.
[41] Vgl. Käte HAMBURGER in: Jochen VOGT, a.a.O., S. 21.

> But now if the sentences in a work of fiction were used to perform some completely different speech acts from those determined by their literal meaning, they would have to have some other meaning. Anyone therefore who wishes to claim that fiction contains different illocutionary acts from nonfiction is committed to the view that words do not have their normal meanings in works of fiction. That view is at least *prima facie* an impossible view since if it were true it would be impossible for anyone to understand a work of fiction without learning a new set of meanings for all the words and other elements contained in the work of fiction (…) There is no textual property, syntactical or semantic, that will identify a text as a work of fiction[42].

Die These, der zufolge es eine spezifische Sprache der Fiktion gebe, erweist sich also als unhaltbar, weil die Wörter in fiktionalen Werken denselben Sinn beibehalten wie in der Alltagssprache. Das Fiktive unterliegt auf analoge Weise denselben Sprachregeln und derselben logischen Struktur wie das Wirkliche. Ein Roman stellt natürlich fiktive Gestalten, Dinge und Geschehnisse dar, das kann er aber nur deshalb, weil er dieselbe Sprache benutzt wie die, die wir im Alltag benutzen, um Personen, Dinge und Geschehnisse darzustellen, die wirklich existieren.

Nichtsdestotrotz sind die Erfolgsregeln für die Sprechakte der Alltagssprache im literarischen Diskurs aufgehoben. Das gilt allem voran für die Aufrichtigkeitsregeln, weil das vom Autor Erzählte nur erfunden ist. Bei näherer Betrachtung müssen wir aber zugeben, dass der Autor seine Erzählung ja als Fiktion vorstellt, folglich als etwas, was nicht wirklich existiert. Deshalb ist er trotz allem aufrichtig in Bezug auf das, was er erzählt. Er sagt also die Wahrheit, wenn er sagt, er erzähle Lügengeschichten. Dieses Phänomen hat Jacques Poulain als *Gesetz der Wahrheit* bestimmt und vom Prinzip der Objektivation abgeleitet:

> Das Prinzip der Objektivation (…) gründet auf der Tatsache, dass ein Satz nur mit Hilfe eines prädikativen oder relationalen Ausdrucks gedacht und als wahr behauptet werden kann[43].

Das bedeutet: Wenn der Sprecher z.B. « Ich lüge nicht » sagt, das Gesagte aber gelogen ist, dann denkt er die Wahrheit, weil er in seinem Innersten genau weiß, dass er den anderen gegenüber gelogen hat und dass er sie folglich täuschen will. Andersherum gewendet: Wenn der Sprecher einen Täuschungsakt vollzieht, ohne die Absicht zu haben, den anderen zu täuschen, dann vollzieht er dennoch einen illokutionären Äußerungsakt, denn obgleich der illokutionäre Akt eine Täuschung ist, verbleibt der Äußerungsakt trotz alledem ein realer Akt.

Die Vollzugsmöglichkeit eines Täuschungsaktes, ohne Absicht zu täuschen, gründet auf Konventionen, die Sprecher und Adressat teilen. Wenn der Autor

---

[42] John R. SEARLE: « The logical status of fictional discourse », a.a.O., S. 64-65.
[43] Jacques POULAIN: *La loi de vérité ou la logique philosophique du jugement,* Albin Michel, Paris 1993, S. 65, übersetzt von Elfie Poulain.

eines Romans Geschehnisse darstellt als seien sie wirklich, dann weiß der Leser, dass es sich um fiktive Dinge handelt und versteht sie auch so. Er betrachtet die Geschehnisse als Darstellung möglicher Geschehnisse in einer möglichen Welt. Deshalb sind die pragmatischen Erfolgsbedingungen des Referenzaktes auch gegeben, denn die Absichten des Sprechers, d.h. des Autors, werden mit dem Gesprächspartner, d.h. dem Leser, im interpretativen Prozess des fiktionalen Diskurses geteilt.

Man erinnere sich hier an die von Jürgen Habermas erläuterte doppelte Struktur des kommunikativen Handelns. Die Kommunikation zwischen dem Sprecher (dem Autor) und dem Adressaten (dem Leser) findet tatsächlich auf der Ebene der Intersubjektivität statt. Von einem Misserfolg könnte nur die Rede sein, wenn der fiktionale Referenzakt in Bezug auf das Objekt als Objekt der realen Welt begriffen würde. Nichtsdestoweniger wird das fiktionale Objekt aber auf dieselbe Art und Weise verstanden wie ein Objekt in der realen Welt. Wenn der Leser verstanden hat, dass er es mit einem fiktionalen Diskurs zu tun hat, dann dient ihm das gesamte Informationsmaterial des literarischen Textes zur Identifizierung des Referenzobjektes als sei es ein Objekt der realen Welt.

Unabhängig von der Tatsache, ob das Objekt wirklich existiert oder nicht, findet eine Kommunikation über Dinge, Gestalten oder Geschehnisse in dem Sinne statt, dass die Kommunikation auf der Ebene des Imaginären als Darstellung einer hypothetischen, doch virtuell möglichen Welt erfolgt. Wie Tzvetan Todorov in seiner Analyse des dialogischen Prinzips bei Bachtin[44] erläutert, handelt es sich hier um eine Kommunikation des Imaginären zum Imaginären. Dieses Prinzip gründet auf den von Arnold Gehlen analysierten anthropologischen Kategorien, denen zufolge der Gebrauch der Sprache auf der Identifizierung des Menschen mit einem Dritten gründet[45]. Die literarische Identifizierung mit Hilfe der referentiellen Illusion, die von den Romangestalten ausgeht, wird auf diese Weise zu einem Experimentierfeld der menschlichen Vorstellungskraft.

2.6 Die Romangestalten

Ein wesentlicher Aspekt der Pragmatik ist die Suche nach dem Sinn, den die Benutzer der Zeichen den Sprechakten in der kommunikativen Handlung zuschreiben. Im Fokus der hier angestrebten Literaturpragmatik stehen die Sprechakte, Gesten und Handlungen der Romangestalten. Es gilt aufzuzeigen, wie sich diese in ihrem fiktionalen kommunikativen Kontext ins Werk setzen.

---

[44] Vgl. Tzvetan TODOROV: *Mickail Bakhtine. Le prinicpe dialogique,* Seuil, Paris 1981.
[45] Diese Kategorien werden in Kapitel 4 dieses Buches bei der Analyse der dynamischen Verknüpfung im Roman *Der Proceß* von Franz Kafka näher erläutert. Vgl. Jacques POULAIN in: *De l'homme. Eléments d'anthropobiologie philosophique du langage,* Cerf, Paris 2001, S. 7-39.

Ein solcher Ansatz weicht von der Auffassung der formalen Literaturkritik ab, in welcher die Romangestalten als Aktanten bezeichnet sind. Wir verstehen die Romangestalt hingegen als eine Art Vermittler, dessen Worte, Handlungen und Reaktionen innerhalb des Imaginären auf die außerhalb liegende Parallelwelt, die soziale Wirklichkeit verweist, in der wir leben. Paul Ricœur schreibt:

> Bei der Darstellung tendiert das Zeichen dazu, als Zeichen zurückzutreten und als Ding in Vergessenheit zu geraten. Diese Entwertung des Zeichens als Ding ist jedoch nicht vollkommen (...). Die Struktur des Zeichens ist die äußerst paradoxale Struktur einer gegenwärtigen-abwesenden Entität[46].

Wenn wir den Namen einer Romangestalt lesen, dann belebt sich das Zeichen und aktiviert unsere Vorstellungskraft, so dass wir uns hinter dem Zeichen eine Person mit menschlichen Eigenschaften vorstellen, die analoge Erfahrungen zu den Menschen in unserem jeweilig konkreten Lebensumfeld macht. Beim Akt des Lesens lässt der Leser die Welt des Romans in seiner Vorstellung abspielen.

Unter diesem Aspekt kann auch eine Pflanze, ein Ding oder ein Tier die Funktion einer Romangestalt haben, vorausgesetzt der Autor verleiht ihnen menschliche Eigenschaften. Die Romangestalt wird hier so verstanden, wie Paul Ricœur sie definiert, als eine gleichzeitig an- und abwesende Entität, die sich in Ihrer Bezeichnungsfunktion verbirgt[47].

So verstanden wird die Romanfigur zu einer narrativen Kategorie, welche die Dynamik des Romans vorantreibt. Das pragmatische Interesse liegt darin, dass sie anhand ihres Denkens, Sprechens und Handelns die Reflexivität des kommunikativen Handelns veranschaulicht. Das erlaubt dem Interpreten, die Dynamik zwischen dem Bewusstsein und dem Handeln der Romangestalten und die sich daraus ergebende Dynamik des Romangeschehens nachzuvollziehen und zu beschreiben. Der Leser kann aus der Distanz und mit dem für das Verstehen notwendigen Abstand die Mechanismen der sozialen Interaktion mitverfolgen, die ihm in der Unmittelbarkeit des Lebensalltags entgehen können. Wenn es Aufgabe der pragmatischen und wissenschaftlichen Theorien ist, die logischen Regeln des menschlichen Verhaltens aufzustellen, so liegt das Interesse der Literatur darin, dass sie Grenzsituation vor Augen führen kann, die sich den Regeln entziehen und ein Problem für die Menschen darstellen. Der Schriftsteller Siegfried Lenz unterstreicht die komplementäre Rolle der Literatur. Er schreibt:

> Nicht die Adresse eines Autors bedeutet uns etwas, sondern die Frage, ob wir seine Konflikte und Probleme zu unseren Konflikten und Problemen machen können[48]. (...) Ich glaube, die Literatur hat nichts von ihrer Funktion eingebüßt,

---

[46] Paul RICŒUR: *Soi-même comme un autre,* Seuil, Paris 1990, S. 57 (Dt. *Das Selbst als ein Anderer,* übersetzt von Jean Greisch, Fink, München 1996); vgl. Hans Georg Gadamer, der von der Zeitlosigkeit oder der Gleichzeitigkeit des Kunstwerks spricht.
[47] Vgl. Paul RICŒUR: *Soi-même comme un autre,* a.a.O., S. 175.
[48] Siegfried LENZ: *Beziehungen. Ansichten und Bekenntnisse zur Literatur,* Dtv, München 1975, S. 35.

zur Erkenntnis des Menschen in der Zeit beizutragen; zumindest die Möglichkeiten der Erkennbarkeit festzustellen. Es kommt ihr weniger darauf an, Fragen des Daseins zu lösen, als Fragen an das Dasein zu stellen[49].

Die hier dargestellte Literaturpragmatik gründet auf der strukturalen Identität zwischen fiktiver und realer Welt, literarischer Sprache und Alltagssprache. Die Struktur, die Logik und die Wörter der Romanwelt gleichen der Struktur, der Logik und den Wörtern der wirklichen Welt, und dieselben pragmatischen Regeln funktionieren, oder funktionieren auch nicht, in dieser Welt. Das immanent Imaginäre kann auf diese Weise wie der alltägliche Kontext kommunikativen Handelns analysiert werden, doch muss bei dieser Analyse die Beziehung des Sprechers zum Adressaten auf die interne Beziehung der Romangestalt zu den anderen Romangestalten verlegt werden.

---

[49] Ibid., S. 162.

3 Methodologische Begriffe zur Literaturpragmatik

3.1 Der Sprecher in der literarischen Erzählung

Das pragmatische Dreieck (Sprecher – Referenzobjekt – Adressat) stellt die Basis der hier vorgestellten literarischen Begriffe zur Literaturpragmatik dar. Im Vergleich zur sozialen Interaktion ist bei der Erörterung literarischer Darstellungsverfahren allerdings ein wichtiger Unterschied festzuhalten: es gibt eine Verdoppelung oder sogar Vervielfältigung der Ebenen bei jedem Pol des pragmatischen Dreiecks. Der Pol « Sprecher » lässt die Frage der Identifizierung aufkommen: wer spricht im literarischen Werk? der Autor ? der Erzähler ? die Romanfigur ? Diese Frage verweist auf die Erzählsituationen, die Jochen Vogt ausführlich erläutert[1] und die hier nur kurz skizziert werden sollen. Es geht darum, die Narrativik literarischer Texte zu beschreiben, um die Identität und den Ort des narrativen Sprechers auszumachen:

> Obgleich ich weiß, dass ich den vor dem Werk existierenden Autor nicht erreichen kann, habe ich doch das Recht und die Pflicht, mir Fragen zum Autor im Werk zu stellen: wer spricht? Und dann muss ich mich sofort fragen, an welchen – realen, imaginären, kollektiven, abwesenden – Adressaten sein Wort gerichtet ist: zu wem oder vor wem wird gesprochen?[2]

Der Autor ist unzweifelhaft der Schöpfer des Textes, die Erzählsituationen werden jedoch inszeniert und durch einen Repräsentanten vermittelt, der sein Sprachrohr sein kann, oder auch nicht sein kann: Das ist der Erzähler. Dieser ist die zentrale Instanz; er erzählt, kommentiert und bewertet das Erzählte.

Der Autor kann aber noch weiter gehen und die quasi dramatische Illusion aufkommen lassen, es gebe gar keinen Erzähler. Auf diese Weise erzeugt er den Anschein von Objektivität; er lässt die Figuren sprechen und handeln und verschwindet hinter ihnen. So erlebt der Leser die erzählte Welt durch das Medium eines beobachtenden, aber abwesenden Geistes[3]. Dieser Mechanismus

---

[1] Vgl. Jochen VOGT: *Aspekte erzählender Prosa,* a.a.O., « Zweites Kapitel: Die typischen Erzählsituationen », S. 41–94. Er bezieht sich insbesondere auf Franz K. STANZEL: *Theorie des Erzählens (1979).*
[2] Jean STAROBINSKI: *L'œil vivant II,* Seuil, Paris 1970, S. 23–24.
[3] Vgl. Paul RICŒUR: *Soi-même comme un autre,* Seuil, Paris 1990, S. 57 (Dt. *Das Selbst als ein Anderer,* übersetzt von Jean Greisch, Fink, München 1996).

einer fiktionalen Mediation veranschaulicht die These Kants, dass der Mensch die Welt nicht so, wie sie ist, verstehen kann, sondern stets nur durch die Vermittlung eines erkennenden Subjekts. Die Mediation postuliert die Nicht-Identität zwischen dem Autor und den sprechenden bzw. handelnden Figuren.

Jochen Vogt unterscheidet Franz K. Stanzel folgend drei Erzählsituationen: die auktoriale Erzählweise, die Ich-Erzählweise und die personale bzw. neutrale Erzählweise.

Die *auktoriale Erzählweise* (von Lat. *auctor*, d.h. Autor, Schöpfer) ist eine Erzählung mit dazwischen geschaltetem Erzähler, den Gérard Genette den *narrateur extradiégétique* nennt, insofern als er über, hinter, neben oder außerhalb des Geschehens steht und nicht als Person im Roman auftritt. Nur seine Stimme ist vernehmbar. So lesen wir in Goethes *Wahlverwandtschaften* wie Ottilie nach Eduards Abreise reagiert: « Wir wagen nicht, ihren Schmerz, ihre Tränen zu schildern, sie litt unendlich. »[4]

Der Erzähler fasst in Worte, was die Gestalten empfinden, aber nicht zu sagen vermögen. Er urteilt über ihr Befinden als Kenner ihrer Psyche und begleitet sie auf ihren Wegen. Formale Kennzeichen, wie die Einbeziehung des Lesers durch den Gebrauch des Pronomen « wir », sind typisch für diese Erzählweise.

Der auktoriale Erzähler ist allwissend und allgegenwärtig, gleichsam ein Gott, der die vorgestellte Welt beherrscht. Sein Wissen transzendiert dasjenige der Romangestalten, denn er kennt ihre Vergangenheit, ihre Gegenwart und ihre Zukunft, ihre Gedanken, ihre Ansichten und ihre Intentionen. Die auktoriale Erzählweise dominierte vom 17. bis zum 19. Jahrhundert (man denke an Goethe, Balzac, Tolstoi, Dickens), tritt aber auch später auf (z.B. bei Thomas Mann). Ganze Epochen werden auf diese Weise geschildert, detaillierte Umstände eines Ereignisses wie moralische oder soziale Probleme. Zeitgenössische Literatur betrachtet diese Erzählweise zuweilen als verfälschend im ideologischen Sinn.

Die *Ich-Erzählung* ist eine zugleich traditionelle wie zeitgenössische Erzählform. Genette nennt diese Erzählform *intradiégétique*, denn der Erzähler ist eine Figur innerhalb der erzählten Welt. Ein typisches Beispiel liefert Siegfried Lenz in seinem Roman *Deutschstunde*:

> Ich halte meine Strafarbeit – bei gleichzeitiger Einschließung und vorläufigem Berufsverbot – für unverdient; denn man lässt mich nicht dafür büßen, dass meiner Erinnerung oder meiner Phantasie nichts gelang, vielmehr hat man mir diese Abgeschiedenheit verordnet, weil ich, gehorsam nach den Freuden der Pflicht suchend, plötzlich zu viel zu erzählen hatte (...)[5].

---

[4] Johann Wolfgang von GOETHE: *Die Wahlverwandtschaften (1809) I, Kap. 17*, Ausgabe Reclam, Stuttgart 2005, S. 111.
[5] Siegfried LENZ: *Deutschstunde (1968)*, Dtv, München 2004, 1. Kapitel « Die Strafarbeit », S. 10.

Das häufige Auftauchen des Pronomen « ich bzw. mir oder mein » reicht allerdings nicht aus, um den Ich-Erzähler zu identifizieren. Auch der auktoriale Erzähler kann die Ich-Form wählen, er tut dies aber nur, um uns die Geschichte einer anderen Person zu erzählen. In der Ich-Erzählung spricht der Erzähler jedoch von sich selbst. Er erzählt seine eigene Geschichte, was besagt, dass Erzähler und Figur identisch sind, doch muss der Erzähler nicht unbedingt der Protagonist des Romans sein. Der 1968 entstandene Roman von Siegfried Lenz stellt eine komplexe Situation dar denn der Ich-Erzähler erzählt die Geschichte seines Vaters, die zugleich auch seine eigene Geschichte ist. Er selbst erscheint als Person, die seine Vergangenheit, seine Erfahrungen, seine Leidenschaften, seine Irrtümer und auch sein Innenleben darstellt und sich auf diese Weise selbst beobachtet und beurteilt. Die epische Distanz zwischen dem Erzähler und der erzählten Welt verschwindet, weil der Ich-Erzähler selbst erlebte Dinge erzählt und dadurch eine authentische und unmittelbare Beziehung zum Geschehen herstellt. Das Wissen ist auf seinen persönlichen Horizont begrenzt; er kann nicht das Innenleben einer anderen Person mitteilen, sondern nur Informationen von außen liefern.

Diese Erzählweise rückt in die Nähe der realistischen Erzählungen. Käte Hamburger nennt sie einen *fingierten Wirklichkeitsbericht,* weil der Erzähler so tut, als liefere er seine Erinnerungen bzw. eine authentische Biographie. Das Präteritum ist hier kein Merkmal der Fiktionalität, sondern Simulation eines historischen Präteritums. Der Leser nimmt gegenüber dieser Erzählweise eine doppelte Haltung ein: zum einen liest er den Text nicht wie eine Autobiographie, denn er weiß ja, dass der Erzähler keine historische Person ist; zum anderen erwartet er aber, dass der Autor beim Schreiben die Regeln eines authentischen Erinnerungsberichtes beachtet. Die Erzählstrategie zielt darauf ab, die Illusion der Wirklichkeit aufkommen zu lassen, kündigt aber gleichzeitig an, dass die Erzählung Fiktion, folglich Illusion ist. Hinzu kommt die Doppelstruktur als Wesensmerkmal der erzählten Handlung. Im Roman von Siegfried Lenz tritt das Ich auf zwei Zeitebenen auf, als Ich der Vergangenheit, dass die Ereignisse miterlebt und mitgeduldet hat, und als Ich der Gegenwart, das das Geschehen mit Ironie und Mitgefühl aus der zeitlichen Distanz betrachtet und bewertet. Das rückt die Haltung des Ich-Erzählers in die Nähe des allwissenden Autors. Ein Wechsel des Tempus vom Präteritum zum Präsens kann das Spiel zwischen diesen beiden Polen des Ichs begleiten und Spannung hervorrufen.

Die Briefromane des 18. Jahrhunderts kennzeichnen den Beginn der Ich-Erzählungen. In diesen Romanen, die sich auf eine Perspektive, nämlich die des Briefsenders, begrenzen können oder auch auf mehrere Perspektiven, wie bei einem Briefwechsel, schiebt der Autor oft einen fiktiven Herausgeber vor, der zwar nicht die Allwissenheit des auktorialen Erzählers besitzt, doch vorgibt, sein Wissen aus Archiven oder Dokumenten geholt zu haben. In dieser Eigenschaft kann er gewisse Lücken schließen und zusätzliche Informationen liefern, die der Ich-Erzähler selbst nicht mitteilen kann, wie z.B. die letzten Momente vor seinem Tod. Die traditionelle Literatur bedient sich des Abstands zwischen dem

Ich, das in der Vergangenheit handelt, und dem Ich der Gegenwart, um ein Leben in der Sünde und die Reue und Bekehrung zu einer neuen Lebensweise zu erzählen. Für die zeitgenössische Literatur ist die Dialektik zwischen dem « Ich » der Vergangenheit und dem « Ich » der Gegenwart kein Verweis auf ein religiöses Modell, sondern oftmals ein Mittel zur Darstellung von Identitätskrisen.

Zu Beginn des 20. Jahrhunderts entwickelte sich die Ich-Erzählung zu einer anderen neuen Form, dem inneren Monolog, der als *stream of consciousness* vor allem mit dem Roman *Ulysses* von James Joyce Eingang in die Literaturgeschichte fand. Wenn bei der traditionellen Ich-Erzählung eine gewisse Objektivität gewahrt wird und das Ich Ausdruck eines beobachtenden Bewusstseins ist, so rückt das Ich im inneren Monolog in die Nähe des Unterbewusstseins und bleibt bewusst subjektiv. Die Grenze zwischen dem inneren Monolog und der personalen (oder neutralen) Erzählweise[6] ist jedoch nicht immer klar abzustecken, da beide Erzählweisen gewisse Eigenschaften teilen: eine elliptische Struktur, spontane Worte oder Reden, eine Gedankenproduktion ohne logische oder syntaktische Organisation. Die Gedanken werden ohne Veränderung reproduziert, was diese Erzählform, so Jochen Vogt, mit ihrer modernen Weiterentwicklung von Dorrit Cohn als *quoted monologue* (zitierter Monolog) verbindet:

> Ihre Stärke ist offensichtlich die genaueste Wiedergabe von Gedanken und Gefühlsregungen, die unmittelbaren Einblick in die Psyche und affektives Miterleben suggerieren[7].

Dieser Aspekt ist besonders interessant für die pragmatische Analyse literarischer Texte, insofern die Kernfrage der Pragmatik lautet: was meinen die Gesprächspartner wirklich, wenn sie dies oder jenes sagen oder tun?

Die *personale Erzählsituation* (Genette spricht vom *narrateur figuratif*) ist eine neuere Erzählform, die sich im 20. Jahrhundert entwickelte. Franz Kafka bedient sich fast ausschließlich dieser Erzählform, so im Roman *Amerika oder Der Verschollene*:

> Nach Aufhebung der Tafel – als Green die allgemeine Stimmung merkte, war er der erste der aufstand und gewissermaßen alle mit sich erhob – ging Karl allein abseits zu einem der großen durch schmale weiße Leisten geteilten Fenster, die zur Terrasse führten und die eigentlich, wie er beim Nähertreten merkte richtige Türen waren. Was war von der Abneigung übrig geblieben, die Herr Pollunder und seine Tochter anfangs gegenüber Green gefühlt hatten und die damals Karl

---

[6] Vgl. Jochen VOGT: *Aspekte erzählender Prosa,* a.a.O., S. 49 ff.
[7] Ibid., S. 181.

etwas unverständlich vorgekommen war. Jetzt standen sie mit Green beisammen und nickten ihm zu[8].

Auf den ersten Blick zeigt der Text keine Spuren eines Erzählers. Der Leser wird mitten in das Geschehen hineinversetzt. So erzeugt der Erzähler den Anschein der Unmittelbarkeit, ähnlich wie bei der direkten Rede. Man hat den Eindruck, dass ein Beobachter, der aber nicht der Erzähler ist, diese Szene darstellt. Es könnte eine andere Romanfigur oder ein Besucher sein. Wäre es der Erzähler, so würde er sich in der Ich-Form, nicht aber der Er-Form ausdrücken. Die Folge des Satzes zeigt, dass Karl, der Protagonist dieser Erzählung, selbst der Beobachter ist und dann, mit der Bemerkung « wie er beim Nähertreten merkte », zu einer Innenperspektive oder einer Art innerem Monolog übergeht. Dadurch wird der Leser unmittelbarer Zeuge von Karls Gedanken. Die Wirklichkeit wird so dargestellt, wie Karl sie wahrnimmt, und der Leser erfährt nur das, was im Wissenshorizont der Romangestalt steht. Diese Erzählweise verstärkt die Authentizität des Erlebten und die zeitliche Aktualität des erzählten Geschehens.

Der dominierende Aspekt dieser Erzählweise ist die Abwesenheit des Erzählers und eine quasi szenische Darstellung mit Dialogen und erlebter Rede[9]. Das Geschehen wird vom persönlichen, subjektiven Bewusstsein der Romanfigur aus dargestellt, die dadurch zu einem reflektierenden Prisma wird und das Wahrnehmungsfeld auf den eigenen subjektiven, psychologischen Horizont begrenzt. Einerseits erlaubt diese Erzählform, von außen in die innere Perzeption der Romanfigur vorzudringen, deren Gedanken, Gefühle, Impressionen, Erinnerungen und Assoziationen wir gleichsam ungefiltert lesen können. Andererseits ist die Außenwelt aber nur durch die subjektive Wahrnehmung der Figur hindurch zu erfahren, sei es als Beschreibung des visuellen Horizontes oder in Form von affektiven, intellektuellen Überlegungen.

Eine ausschließlich auf die Perspektive der Figur begrenzte Erzählung ohne Erzähler tritt allerdings meist nicht durchgängig auf. Zuweilen ist das Einmischen eines Erzählers spürbar, wie z.B. die Bemerkung « wie er … merkte » im Beispiel von Kafka zeigt. Hier können wir von einer gemischten Perspektive sprechen, derjenigen eines außenstehenden Beobachters und derjenigen Karls, der die anderen beobachtet und gleichzeitig auch sich selbst und seine Gedanken beobachtet, so als handle es sich um die Gedanken einer anderen Person. Die Angaben zum Kontext und zu den Personen können auf diese Weise von einem Wissenshorizont aus gegeben werden, der die handelnde

---

[8] Franz KAFKA: *Der Verschollene (1912)*, nach der krit. Ausgabe hg. von Hans-Gerd Koch, Fischer Tb Nr. 12442, Frankfurt a.M. 1996, Kap. III « Ein Landhaus bei New York », S. 68.

[9] Die englische Theorie unterscheidet zwischen *showing* und *telling,* und spricht manchmal von *camera-eye*, besonders bei Detektivromanen. Vgl. Jochen VOGT : *Aspekte erzählender Prosa*, a.a.O., S. 54–56. In dieser Erzählweise kann es einen Wechsel der Perspektiven zwischen den verschieden Romanfiguren geben. Man spricht dann von « Multiperspektive ». Gérard Genette spricht von *récit homodiégétique*.

und erzählende Person transzendiert. Eine andere Art von Mischform tritt auf, wenn der Autor einen Wechsel zwischen dem Ich und dem Er vornimmt. In diesem Fall wird die subjektive und psychologische Perspektive der Figur beibehalten. Immer spricht nur die Romanfigur, wobei sie sich teils als Subjekt sieht und eine Innenperspektive ergreift und teils als Objekt sieht und sich selbst von außen beobachtet. Max Frisch liefert ein schönes Beispiel für diese Art der Erzähltechnik in seinem Roman *Stiller*[10]. Er spricht in der Er-Form, wenn er Stiller bezeichnet, d.h. die Person, die er in der Vergangenheit in der Schweiz gewesen ist, und in der Ich-Form, wenn er sich als White sieht, d.h. als die Person, zu der er nach seiner Flucht aus der Schweiz geworden ist. In diesem Wechselspiel sieht er sich gleichsam wie in einem Spiegel und offenbart dem Leser das Miteinander des eigentlichen sozialisierten Ich, das sich wie ein Objekt mit den Augen der anderen sieht. Die Romangestalt gibt hierdurch ihren Wunsch preis, die anderen mögen ihn magisch als White anerkennen, so wie er es selbst subjektiv in seinem Kopf tut. Hierbei leugnet er allerdings das Prinzip der biographischen und geistigen Kontinuität, welche notgedrungen die Identität der Person begründet. Wichtig bei dieser Art Erzählform ist die Tatsache, dass die Gedankenordnung diejenige der Romanfigur von seinem inneren, persönlichen Gesichtspunkt aus ist. Der Leser schreitet mit dem Wissen der Romanfigur in der Handlung voran und sieht die Dinge, wie die Romanfigur sie sieht und darstellt.

Im 20. Jahrhundert hat die personale Erzählweise neben der Ich-Erzählweise auf Kosten der auktorialen Erzählweise eine dominierende Stellung eingenommen. Historisch betrachtet ist dieser Wechsel der narrativen Formen ein Korrelat zum Wechsel der Mentalitäten. Der allwissende Erzähler, der gleichermaßen eine Autorität über das Bewusstsein der dargestellten Gestalten ausübt hat seine Glaubwürdigkeit eingebüßt. An seine Stelle ist das autonome Bewusstsein der Romanfiguren gerückt, die als wahre Subjekte voranschreiten und ihre Ausdrucksfreiheit behaupten. Die Pluralität der Meinungen, die in diesen Erzählformen zum Ausdruck kommt, steht für die Pluralität und Komplexität der gegenwärtigen Welt, welche Freiheit des Bewusstseins und Pluralität der Werte fordert. Die Entwicklung der narrativen Formen ist somit der vergegenständlichte Ausdruck des zeitgenössischen Bewusstseins. Der Leser will sich nicht mehr der Meinung und dem Urteil einer einzigen Erzählinstanz unterwerfen, ohne sich gleichzeitig Fragen zu den in der Romanwelt erzählten Erfahrungen zu stellen.

3.2 Die pragmatische Frage nach dem « Ich » als Äußerungsinstanz

Die Romangestalten gewinnen als pragmatische Äußerungsinstanzen an Bedeutung, insofern die Pragmatik die kommunikative Handlung in ihrer reflexiven Form betrachtet und die Äußerung rückbezüglich unmittelbar auf das

---

[10] Vgl. Max FRISCH: *Stiller (1954),* Suhrkamp Tb 105, Frankfurt a.M., 1973.

sich äußernde Subjekt bezieht. Die Frage: Wer spricht im Roman, bringt die Frage hervor: Wer ist derjenige, der spricht? Anders ausgedrückt bedeutet dies, dass der Akt der Identifizierung die Frage nach der Identität des sprechenden « Ich » erzeugt. Siegfried Lenz schreibt:

> Sprache sagt nicht nur sich selbst aus, sondern auch ebenso viel über den, der sie gebraucht[11].

Im pragmatischen Kontext des Alltagslebens lässt der Gebrauch des Pronomen kein Interpretationsproblem aufkommen, denn die Person, die sich als « Ich » an ein « Du » oder ein « Sie » wendet, ist leibhaftig anwesend und identifizierbar seitens der Gesprächspartner. In der Literatur hingegen gibt es eine zeitliche Verschiebung und eine räumliche Distanz beim Gesprächsaustausch zwischen Sprecher und Leser bzw. Adressat, was eine Ambivalenz hinsichtlich der Referenz aufkommen lässt. Hinzu kommt, dass das literarische Ich mit der Frage nach dem Subjekt verbunden ist, was bis heute noch zu problematischen Fragestellungen führt. Ingeborg Bachmann widmet dem Ich des Schriftstellers ein ganzes Kapitel in den *Frankfurter Vorlesungen*. Sie schreibt:

> Vom Ich möchte ich sprechen, von seinem Aufenthalt in der Dichtung, also von den Angelegenheiten des Menschen in der Dichtung, sofern er vorgeht mit einem Ich oder seinem Ich oder sich hinter dem Ich verbirgt (...) Der es ausspricht, ist gar nicht mehr so sicher, ob er für dieses in den Mund genommene « Ich » Verbindlichkeit beanspruchen kann, ob er es decken kann[12].

Das Ich des Schriftstellers ist in dieser Perspektivistik ein Ich ohne Garantie, ein vorgetäuschtes Ich, ein maskiertes Ich, das als Handlungsfigur auftritt. Das pragmatische Interesse an diesem Ich liegt darin, dass das Wort « Ich » einerseits das sprechende Subjekt darstellt, andererseits diese sprechende Person aber nicht so identifiziert, wie das Wort das bezeichnete Objekt in der Alltagssprache identifiziert[13]. Wenn mich jemand am Telefon fragt: wer spricht? und ich daraufhin antworte: Ich! dann ist meine Antwort unsinnig und unzureichend. Dieselbe Frage stellt sich in der Literatur: wer ist Ich? Das Wort « Ich » identifiziert die Person, die es bezeichnet, nur von der Perspektive des anderen aus, vom « Du » oder vom « Er » oder vom « Sie » zu dem dieses Ich spricht.

Paul Ricœur hebt hervor, dass das Subjekt einerseits mit Hilfe der identifizierenden Referenz als Person erscheint, als das Er/Sie, von dem man spricht, und andererseits auf Grund der Reflexivität der Äußerung als ein Paar, als derjenige, der spricht, und derjenige, zu dem es spricht[14]. Die Frage nach dem

---

[11] Siegfried LENZ: *Beziehungen*, a.a.O., S. 202.
[12] Ingeborg BACHMANN: *Frankfurter Vorlesungen*, a.a.O., Kapitel III « Das schreibende Ich », S. 41.
[13] Vgl. für die nun folgenden Erläuterungen Ernst TUGENDHAT: *Selbstbewußtsein und Selbstbestimmung*, a.a.O.
[14] Vgl. Paul RICŒUR: *Soi-même comme un autre (Das Selbst als ein anderer)*, a.a.O., S. 68-69.

Ich stellt somit das Problem der diskursiven Interaktion, die eine wesentliche Rolle bei der pragmatischen Analyse spielt, denn die Intersubjektivität als Beziehung zwischen Ich und Du/Er/Sie ist dem Verständnis des Wortes Ich inhärent. Doch handelt es sich um eine mögliche, nicht tatsächliche Intersubjektivität. Ich kann sehr wohl zu mir selbst « Ich » sagen, wie Robinson allein auf seiner Insel, nur die Möglichkeit der Intersubjektivität mit dem Wort « Ich » gegeben ist.

> Aber diese Möglichkeit der Intersubjektivität ist ihrerseits eine notwendige, weil sie aus der Bedeutung des Wortes « ich » folgt. Es ist notwendig, dass der, auf den ich mit « ich » bezugnehme, von anderen mit « er » – und dann auch mit einem Namen – bezeichnet werden *kann*[15].

Wie wir sehen, veranschaulicht das « Ich » als Schlüsselbegriff der Identität des Subjekts auf paradigmatische Weise die pragmatische Dimension der Sprache. Das « Ich » existiert und bildet sich nur in seiner Beziehung zum anderen innerhalb der Interaktion, die es mit der sozialen Welt verbindet.

Der grammatische Gebrauch des Wortes spiegelt das soziale Wesen der Sprache wie auch das Gesetz der Identitätsbildung, die im selben Maße relational ist. Das Individuum wird in die soziale Welt hineingeboren, die ihm seine soziale und kulturelle Welt vermittelt und bildet sich als Subjekt mit Hilfe der Sprache, die zum Vektor auf der Ebene seines Bewusstseins wird. Wittgenstein hat gezeigt, dass es keine private Sprache geben kann, « da unsere tatsächliche Sprache ja nun einmal eine intersubjektive Sprache ist, die wir auch intersubjektiv gelernt haben ». Einerseits hat sie « eine intersubjektive Bedeutung, andererseits aber auch für jeden eine private »[16]. Alles, was ich von mir selbst weiß, ist prinzipiell auch für die anderen zugänglich, selbst wenn ich gewisse Dinge nur alleine fühlen kann, wie Schmerz oder Traurigkeit. Ich kann, muss es aber nicht, den anderen mitteilen, was ich empfinde, denn das bewusste « Ich » kann kontrollieren, was es sagen will oder nicht, und das heißt, dass es einen für die anderen unzugänglichen Kern enthält. Ich kann auch verneinen, was ich empfinde und versuchen, mich selbst zu täuschen oder den anderen zu täuschen. Dies kann ich aber nur durch das Medium der Sprache, d.h. durch verbale oder nicht-verbale Zeichen. So kann ich z.B. versuchen, meine Traurigkeit zu verbergen, doch kann dieses Gefühl mehr oder minder von außen wahrgenommen werden, und die anderen reagieren darauf wie auf ein Zeichen.

Als Beispiel hierfür kann der Protagonist Josef K. im Roman *Der Proceß* von Franz Kafka dienlich sein Eines Morgens dringen die Wächter in sein Schlafzimmer ein und erklären, er sei verhaftet. Josef K. ist entrüstet und beteuert seine Unschuld. Man liest:

---

[15] Ernst TUGENDHAT: *Selbstbewußtsein und Selbstbestimmung*, a.a.O., S. 88.
[16] Ibid., 5. Vorlesung, S. 98.

> Ich folgere das daraus, dass ich angeklagt bin, aber nicht die geringste Schuld auffinden kann. (…) Darauf entgegnet der Aufseher: Und machen Sie keinen solchen Lärm mit dem Gefühl ihrer Unschuld[17].

Am selben Abend eilt Josef K. nach der Arbeit zu Frau Grubach, der er seine Unschuld beteuert und präzisiert:

> Nun ist es vorüber und ich wollte eigentlich auch gar nicht mehr darüber sprechen, nur Ihr Urteil, das Urteil einer vernünftigen Frau wollte ich hören und bin sehr froh, dass wir darin übereinstimmen. Nun müssen Sie mir aber die Hand reichen, eine solche Übereinstimmung muss durch Handschlag bekräftigt werden[18].

Frau Grubach wird ihm diesen Handschlag nicht geben. Allem Anschein nach sagt Josef K., was er denkt, und er ist auch aufrichtig dabei, denn er glaubt ja wirklich, er sei unschuldig. Isoliert betrachtet ist der Wahrheitsgehalt dieser Aussage unbestreitbar. Doch lässt der pragmatische Kontext anderes und mehr durchblicken, als die Romangestalt sagt. Hier stellt sich die Frage nach der pragmatischen Bedeutung von K's Aussage und vor allem die Frage nach der illokutionären Kraft der Verhaftung. Ist der Äußerungsakt der Wächter: « Sie sind verhaftet » erfolgreich oder nicht? Nur die Abfolge der Gedanken und Ereignisse kann eine Antwort hierauf geben. Im vorliegenden Falle wird klar, dass Josef K. sich über sich selbst täuscht und seine innerliche Unruhe zu verbergen trachtet. Er selbst ist sich seiner Unschuld zwar sicher, will aber sicher gehen, dass die anderen auch von seiner Unschuld überzeugt sind. So erklärt sich sein Bedürfnis, eine Bestätigung seiner Unschuld seitens Frau Grubach zu bekommen. Seine Handlung verrät hier, was seine Worte nicht sagen und was er sich selbst nicht zugestehen will, nämlich dass der Äußerungsakt der Wächter einen Spracheffekt auf ihn ausübt: die ausgesprochene Verhaftung hat zur Folge, dass er innerlich verstört und verunsichert ist. Hierin liegt folglich die illokutionäre und perlokutionäre Kraft des Satzes, der mehr sagt, als er sagt und das Unausgesprochene mitenthält.

Das Beispiel von Josef K. veranschaulicht den pragmatischen Effekt des Äußerungsaktes der Wächter, d.h. seine Beteuerung der Unschuld und die gleichzeitig unmittelbar folgende innere Verunsicherung, die er verspürt und die nicht abtrennbar ist vom semantischen Gehalt der Aussage, nämlich vom Akt der Anklage und der Schuld. Dies führt uns zum nächsten Punkt des pragmatischen Dreiecks, d.h. zur Referenz.

---

[17] Franz KAFKA: *Der Proceß,* Kap. 1 « Verhaftung », Fischer Tb 12443, nach der Krit. Ausgabe von Hans-Gerd KOCH, Frankfurt a.M. 1994, S. 20.
[18] Ibid., S. 29.

3.3 Die Referenz und die Überdeterminierung der literarischen Aussagen

Welches sind die narrativen Mittel, über die der Autor verfügt, damit die Romanfiguren sagen, was sie beabsichtigen und was sie tatsächlich auch sagen? Wie der Pol des Sprechers im pragmatischen Dreieck, so unterscheidet sich auch der Pol der Referenz von der normalen Sprache durch eine größere Komplexität im Roman. Den verschiedenen Erzählinstanzen stehen verschiedene Bedeutungsebenen gegenüber. Nicht allein das Erzählen eines Geschehens, oder der informative Gehalt, ist im literarischen Text von Bedeutung. Es gibt ja tausenderlei Arten, eine Geschichte zu erzählen. Wichtig ist die Art des Erzählens. Der Erzähler spielt mit den Subtilitäten der Sprache, er spielt mit der Kunst, Nuancen auszudrücken. Hierauf beruht das ästhetische Kriterium und die künstlerische Qualität eines literarischen Werkes.

Die formale Literaturtheorie beruft sich auf das Konzept der Poetizität oder Literarizität, um den Abstand zwischen der Alltagssprache und der literarischen Sprache zu kennzeichnen. Als grundlegendes Kennzeichen wird hierfür die Polysemie oder die Überdeterminierung der literarischen Aussagen angeführt. Der literarische Text sagt, was er sagt, und gleichzeitig sagt er mehr, als er sagt. Der Leser muss diesen Aspekt erforschen und sein Wissen und seine Kenntnisse mobilisieren, um das Gesagte und das Nicht-Gesagte, das Explizite und das Implizite, aus dem Text hervorzuholen. So betrachtet geht es im literarischen Text nicht nur um die linguistische Bedeutung der Aussagen; er umfasst gleichzeitig den Äußerungskontext, die Gattung und die literarischen Epochen wie auch die Kultur und die Geschichte, in die er eingefügt ist.

Die Überdeterminierung steht in engem Zusammenhang mit den Absichten der Sprechakte. Searle weist darauf hin, dass es klar zu unterscheiden gilt zwischen dem wörtlichen Sinn eines Satzes und dem, was der Sprecher sagen will. Der Sinn der Äußerung kann beträchtlich vom wortwörtlichen Sinn abweichen. Die Suche nach dem impliziten bzw. übertragenen Sinn transzendiert den in sich abgeschlossenen Text[19]. Die implizite Bedeutung ist wie der verborgene Teil eines Eisbergs, den es zu entziffern gilt. Wolfgang Iser betont, dass sich die Verständigung nicht ausschließlich über das Gesagte, sondern über das damit implizit Gemeinte vollzieht. Er verweist auf Stanley Cavell, der dies in seiner Durchleuchtung zentraler Prämissen der analytischen Sprachphilosophie deutlich gemacht hat und zitiert:

> Intimite understanding is understanding which is implicit... Since saying something is never *merely* saying something, but is saying something with a

---

[19] Vgl. Fernandez BRAVO, Hg.: *Lire entre les lignes: L'implicite et le non-dit,* Deutsches Institut (LDS Langues – Discours – Société) Nr. 3/4, Asnières 2003.

certain tune and at a proper cue and while executing the appropriate business, the sounded utterance is only a salience of what is going on when we talk.[20]

Man denke z.B. an das Oxymoron, ein Kompositum zweier sich widersprechender Begriffe (bittersüß), oder an die rhetorische Ironie, die immer eine doppelsinnige Aussage ist und semantisch das Gegenteil dessen ausdrückt, was sie pragmatisch mitteilt, etwa beim Lob als verkleideter Tadel. Dasselbe gilt für die Parodie als eine spezifische Form des intertextuellen Schreibens mit oft polemischer Tragweite, oder auch für die Metapher, die ein bildliches Sprechen ist, bei der die Sprache förmlich von einer Repräsentationsebene auf die andere überspringt. Searle verbindet das Problem der expliziten und der impliziten Äußerung mit den indirekten Sprechakten, die häufig etwas anderes bedeuten als das, was die grammatische Form aussagt, wie in dem oft zitierten Beispiel: *Können Sie mir das Salz reichen?* das, wie bekannt, eine höflich verkleidete und kulturell codierte Bitte ist, auf die wir nicht mit « ja » oder « nein » antworten.

In der Literatur werden die indirekten Sprechakte oft zur Hervorbringung von Überdeterminierungen benutzt, was die Frage nach dem intentionalen und pragmatischen Sinn der Aussagen aufwirft. Man nehme als Beispiel Karl Roßmann, den Protagonisten von Kafkas Roman *Der Verschollene*. Bei seiner Ankunft in Amerika wird er von seinem Onkel empfangen, der fortan über seine Erziehung wacht. Eines Tages macht er ihn mit seinen Freunden, Green und Pollunder, bekannt. Einige Seiten später liest man:

> Aber schon am nächsten Tag wurde Karl in ein Bureau des Onkels beordert (...) « Herr Pollunder ist gekommen, um Dich auf sein Landgut mitzunehmen, wie wir es gestern besprochen haben. » « Ich wußte nicht dass es schon heute sein sollte », antwortete Karl « sonst wäre ich schon vorbereitet. » « Wenn Du nicht vorbereitet bist, dann verschieben wir vielleicht den Besuch besser für nächstens », meinte der Onkel. « Was für Vorbereitungen! » rief Herr Pollunder « Ein junger Mann ist immer vorbereitet. » « Es ist nicht seinetwegen », sagte der Onkel zu seinem Gaste gewendet, « aber er müßte immerhin noch in sein Zimmer hinaufgehn und Sie wären aufgehalten.» « Es ist auch dazu reichlich Zeit », sagte Herr Pollunder (...)[21].

Dieser Textauszug lässt die Doppelbödigkeit der Situation und der Haltung des Onkels erkennen. Der Onkel war mit einem Besuch Karls auf dem Landgut seines Freundes Pollunder einverstanden, nichtsdestoweniger nimmt er hier eine sehr zögernde Haltung ein und sucht allerlei Vorwände, um Karl von dem Besuch abzubringen. Wenn er von Vorbereitungen und von Verspätung spricht, so deutet er hierdurch seinen Gesprächspartnern an, dass er selbst diesen Besuch lieber auf später verschieben möchte. Seine Bemerkungen enthalten diesbezügliche Andeutungen und sind eine Art verkleidete Bitte, die weder Karl noch Pollunder zu verstehen scheinen. Doch sobald sie allein im Auto unterwegs

---

[20] Vgl. Wolfgang ISER: *Der Akt des Lesens*, a.a.O., S. 97, Zitat von Stanley CAVELL: *Must we Mean what we Say?* New York 1969, S. 12 und S. 32ff.
[21] Franz KAFKA: *Der Verschollene*, a.a.O., S. 57.

sind, stellen sie sich Fragen zu der zögernden Haltung des Onkels. Wir haben es folglich mit einer Dissimilation der Absichten auf beiden Seiten zu tun. Die Folge des Romans zeigt die Auswirkungen dieses Missverständnisses hinsichtlich der kommunikativen Absichten, denn der Onkel wird den Neffen streng für seinen Ungehorsam bestrafen. Françoise Armengaud hat den Bedeutungsüberschuss solcher indirekter Sprechakte treffend beschrieben:

> In den indirekten Sprechakten teilt der Sprecher dem Adressaten mehr mit, als er tatsächlich sagt, indem er sich auf hintergründige, von beiden Seiten geteilte, Informationen stützt, auf linguistische und nicht-linguistische sowie auf die Fähigkeit des Adressaten, logische Schlussfolgerungen zu ziehen[22].

In dieser Art von Sprechakten drückt der Sprecher seine kommunikative Absicht auf verborgene Weise aus. Das zeigt, wie wichtig es ist zu unterscheiden zwischen dem konventionellen, linguistischen Sinn einer Aussage und dem Sinn, den der Sprecher ihr verleihen will, d.h. den intentionalen, pragmatischen Sinn, der vom Gebrauch abzuleiten ist, den der Sprecher von seiner Aussage macht. Das Verstehen des Sinns ist folglich das Produkt eines Zusammenspiels, das sowohl das semantische als auch das pragmatische Wissen mobilisiert, ebenso wie die Interessen, den Charakter und das Wissen vom Kontext und der sozialen, kulturellen Welt des Interpreten selbst. Will man also den Sinn eines indirekten Sprechaktes erschließen, so muss man die Mehrdeutigkeit einer gegebenen Aussage herausfinden, d.h. den angedeuteten, vorausgesetzten Sinn, der sich nicht unbedingt mit dem wortwörtlichen Sinn deckt.

Die Literatur ist der Ort *par excellence*, an dem der wortwörtliche Sinn durch einen intentionalen, pragmatischen Sinn bereichert wird. Die Literaturtheorie unterscheidet hier im Anschluss an die Arbeiten des Linguisten Ferdinand de Saussure *die Denotation* oder den mit dem Wort gemeinten Gegenstand in der außersprachlichen Wirklichkeit, d.h. den invarianten, unverändert bleibenden Sinn des Wortes, und die *Konnotation*, d.h. die assoziative, emotionale, stilistische, wertende Nebenbedeutung des Wortes[23]. Genette[24] spricht vom intellektuellen Sinn der Denotation im Gegensatz zum affektiven Sinn der Konnotation, die sich auf einen spezifischen Aspekt der gesamten Eigenschaften des bezeichneten Gegenstandes bezieht und einen zweiten Sinn hervorbringt, der den ersten, unverändert bleibenden Sinn überlagert. Er verleiht dem Gegenstand je nach Kontext eine subjektive, intentionale Bedeutung. Das gleichzeitige Bestehen der Denotation und der Konnotation hält die poetische Mehrdeutigkeit aufrecht, was den besonderen Reiz und die Herausforderung der Literatur ausmacht. Kafkas Erzählungen sind besonders reich an Konnotationen. So z.B. im Roman *Der Proceß*, als Josef K. sich in die Gerichtskanzleien begibt, um

---

[22] Françoise ARMENGAUD: *La Pragmatique,* a.a.O., S. 95.
[23] Vgl. die Ausführungen zur Konnotation bei Karlheinz STIERLE: « Versuch zur Semiotik der Konnotation », in: *Text als Handlung,* a.a.O., S. 131–151.
[24] Vgl. Gerard GENETTE: *Figures I* und *Figures II,* a.a.O.

Näheres über seinen Prozess zu erfahren. Auf Grund der kaum atembaren Luft und der drückenden Atmosphäre bekommt er einen plötzlichen Schwächeanfall, woraufhin der Auskunftsgeber ihn aufrüttelt und spricht: « Also auf, Sie schwacher Mann »[25]. Allem Anschein nach ist dieser Ausruf mehrdeutig. Im wortgetreuen Sinn handelt es sich um eine körperliche Schwäche, doch zeigt der Kontext, dass es hier ebenso um eine intellektuelle und geistige Schwäche geht, denn es gelingt K. nicht, dem Aufseher die Fragen zu stellen, die er ihm stellen wollte. Somit deutet sein Schwächeanfall auch seine Schwäche dem Gericht gegenüber an, vor dem er sich nicht verteidigen kann. Hinzu kommt, dass das Gericht in diesem Roman eine unsichtbare, anonyme Instanz mit undurchschaubaren Gesetzen bleibt. Das erlaubt eine religiöse Konnotation des Wortes « schwach » und verweist auf die Ohnmacht und Schwäche des Menschen schlechthin, wie es Jesus nach Judas Verrat und vor seiner Verhaftung ausspricht: « Der Geist ist willig; aber das Fleisch ist schwach »[26].

Auch das Ende des Romans *Der Verschollene* weist religiöse Konnotationen auf[27]. Der von der sozialen Welt Amerikas total ausgeschlossene Karl Roßmann wird am Ende, so wie er ist, vom Theater Oklahoma aufgenommen, das ihm all das verspricht, was ihm die Alltagswelt bisher versagt hatte. Vor der Zugreise in den verheißenen Westen bietet das Theater den armen, hungrigen, neu aufgenommenen Leuten, ein großes Festessen:

> (…) aber bald beschäftigte man sich nur mit dem reichlichen Essen, großes Geflügel, wie es Karl noch nie gesehen hatte, mit vielen Gabeln in dem knusprig gebratenen Fleisch, wurde herumgetragen, Wein wurde immer wieder von den Dienern eingeschenkt – man merkte es kaum, man war über seinen Teller gebückt und in den Becher fiel der Strahl des roten Weines – und wer sich an der allgemeinen Unterhaltung nicht beteiligen wollte, konnte Bilder von Ansichten des Theaters Oklahoma besichtigen (…)[28].

Diese Szene erweckt literarische und religiöse Konnotationen. Sie lässt an das Bild vom Schlaraffenland denken oder auch an den gargantuesken Schmaus von Gargantua und Pantagruel bei Rabelais. Das Festessen bei Kafka krönt den versprochenen Übergang Karls von der sozialen Welt der Armut und des Elends in die bessere theatrale Welt voller Glück und Wohlsein. Der Kontext mit den verkehrt spielenden Posaunen, den Frauen als Engel und den Männern als Teufel verkleidet, lassen in Verbindung mit dem Festessen biblische Bilder von religiösen Festen als Gedenken des Übergangs von einer Welt zur anderen aufkommen. So z.B. das Osterfest, das in der jüdischen Religion den Exodus aus Ägypten ins geheiligte Land feiert, oder auch das Heilige Abendmahl vor Christi

---

[25] Franz KAFKA: *Der Proceß,* a.a.O., S. 83.
[26] NEUES TESTAMENT, Matthäus 26, 41.
[27] Vgl. Elfie POULAIN: « L'enfer du procès dans *Le Disparu* et *Le Procès* de Franz Kafka », in: Revue *Germanica. La Bible et la littérature au 20ème siècle,* Nr. 24, S. 137–156.
[28] Franz KAFKA: *Der Verschollene,* a.a.O., S. 313.

Auffahrt ins Himmelreich. Das Festessen beim Theater Oklahoma hat für Karl denselben Sinn des Versprechens wie bei den genannten religiösen Festen, was allerdings angesichts der negativen Begleitzeichen vom Leser zu relativieren ist (Teufel, falsch musizieren, das Verschwinden am Ende des Romans usw.). Paul Valéry liefert ein schönes Bild für die poetischen Konnotationen:

> Der Gedanke muss im Vers versteckt sein wie die nährende Substanz in einer Frucht. Eine Frucht ist Nahrung, erscheint aber als Köstlichkeit. Man nimmt nur den Genuß wahr, erhält aber eine Substanz[29].

Unter den zahlreichen literarischen Konnotationseffekten sind die *intertextuellen Referenzen* als Variante der Überdeterminierung hervorzuheben, d.h. die Beziehung, die ein Signifikant auf offene oder subtile Weise zu anderen Texten herstellt, auf die er verweist, wie z.B. das Festessen auf den gargantuesken Schmaus. Die Überdeterminierung bedeutet hier, dass der Autor seinen Diskurs durch Anspielung auf andere Texte öffnet, wie auf Mythen, die Bibel, die klassische Literatur oder auch auf idiomatische Redewendungen und Sprichwörter.

Die pragmatische Perspektive, die die illokutionäre Kraft der Äußerungen und das mit der Aussage vom Sprecher Gemeinte untersucht, erlaubt es, die Wichtigkeit dieser in literarischen Texten enthaltenen intertextuellen Referenzen hervorzuheben. Ein weiteres Beispiel aus dem *Proceß* kann dies veranschaulichen. Nach der bereits zitierten Szene mit dem Schwächeanfall, kommt Josef K. wieder langsam zu Bewusstsein. Wir lesen:

> (…) er war wie seekrank. Er glaubte auf einem Schiff zu sein, das sich in schwerem Seegang befand. (…) Endlich merkte er, dass sie zu ihm sprachen, aber er verstand sie nicht, er hörte nur den Lärm der alles erfüllte und durch den hindurch ein unveränderlicher hoher Ton wie von einer Sirene zu klingen schien[30].

Das Wort Sirene beansprucht besondere Aufmerksamkeit. Die körperliche und mentale Schwäche hat K. in einen Schwebezustand des Bewusstseins zwischen Vorstellung und Wirklichkeit versetzt, und in diesem Zustand überkommen ihn Bilder des Meeres und des Wassers, die an Tiefe und an das Schwanken eines Schiffes denken lassen, was implizit dem subjektiven Zustand von K. entspricht. Sein Schwindel und sein Wanken begleiten seine körperliche Schwäche, verweisen aber auch auf sein psychisches und mentales Unwohlsein, denn beim Gedanken an seinen Prozess empfindet er Schwindel und Übelkeit. Sein Zustand in den Gerichtskanzleien gleicht dem eines sinkenden Schiffes, das um Hilfe ruft. Der Vergleich mit dem Ton der Sirene lädt dazu ein, denn die Sirene ist das SOS-Signal eines Schiffes in Not. Darüber hinaus stellt das Wort « Sirene » eine Konnotation zur griechischen Mythologie her, zu Odysseus, der bei seinen

---

[29] Paul VALERY: *Tel Quel*, Gallimard, Paris 1941.
[30] Franz KAFKA: *Der Verschollene*, a.a.O., S. 84–85.

Irrfahrten dem Gesang der Sirenen standhalten musste. Er ließ seinen Männern die Ohren mit Wachs zustopfen und sich selbst an den Schiffsmast festbinden, um ihrem Gesang zu entkommen. In der griechischen Mythologie ist der betörende Gesang der Sirenen ein Verführungsmittel, dem kein Mann widerstehen kann. Die Lage von Josef K. ist eine Anspielung auf diesen Mythos. Das junge Mädchen in den Gerichtskanzleien versucht sehr fürsorglich, ihn zu trösten, und flüstert ihm allerlei Dinge über das Gericht ins Ohr, was zur Folge hat, dass K. sein Anliegen total vergisst, nämlich klare Auskünfte zu seinem Prozess einzuholen. Ihre Reden fließen in sein Ohr wie der süße Gesang der Sirenen. Er vernimmt die Stimmen, ist aber zu benommen, um zu verstehen, was sie über seinen Kopf hinweg bereden. Im Roman *Das Schloß* gibt es eine ähnliche intertextuelle Anspielung. Wenn K. mit dem Schloss telefoniert, dann vernimmt er einen süßen Gesang im Hörer, und dieser Gesang ist verführerisch und fasziniert K., der um das Schloss herumkreist wie eine Fiege um das Licht.

Die Beispiele aus Kafkas Romanen veranschaulichen, auf welche Weise die Intertextualität als Überdeterminierung des literarischen Textes eine Öffnung auf andere Texte beinhaltet und führt zu der Frage: was will der Autor dem Leser mitteilen, wenn er eine Figur sagen und tun lässt, was sie sagt und tut? Gibt es eine spezifisch poetische Botschaft bzw. poetische Wahrheit?

Die Erläuterung dieser viel diskutierten Frage geht indes über den hier gesteckten Rahmen hinaus[31]. Festzuhalten sei hier als wesentliche Dimension der pragmatischen Analyse die Frage nach der kommunikativen Interaktion. Sowohl der Sprecher im Alltagsleben als auch der Sprecher in einer fiktionalen Welt ist eingebettet in eine relationale Beziehung, die ihn mit dem anderen, dem Adressaten, verbindet. Die pragmatische Frage lautet, ob die Kommunikation erfolgreich ist oder nicht und ob der Sprechakt eine Wirkung auf das Bewusstsein der Gesprächspartner ausübt und welcher Art diese Wirkung ist.

3.4 Die Bewusstseinsdarstellung des Adressaten in der literarischen Erzählung

Zu wem spricht der Erzähler oder die Romanfigur? So wie der Pol des Sprechers so erfährt auch der Pol des Adressaten im literarischen Text eine Verdopplung. Auf der Ebene der außertextlichen Kommunikation wendet sich der auktoriale Erzähler an den Leser, um ihm die Geschichte der Romanfiguren zu erzählen. Auf der Ebene der Textimmanenz spricht der Ich-Erzähler oder Er-Erzähler sowie die Romanfigur zu den anderen Romanfiguren seiner fiktionalen Umwelt.

Auf der ersten Ebene spielen sich die durch die Zeichen hervorgebrachten Effekte als imaginäre Teilhabe und als spielende und kognitive Mitarbeit des

---

[31] Vgl. Paul VALERY: *Tel Quel,* Gallimard, Paris 1941, S. 7–18.

Lesers am erzählten Geschehen ab[32]. Auf der zweiten Ebene können die von den Sprechakten hervorgebrachten Effekte im Verhalten der Figuren sowie ihre Gedanken, Reden, Gesten und Handlungen bestimmt werden. Auf dieser Ebene kann die pragmatische Analyse die Veränderungen aufzeigen, die durch das kommunikative Handeln im Bewusstsein der Romangestalten entstehen und die logischerweise eine Veränderung des fiktionalen Kontextes und das Fortschreiten der Romanhandlung bedingen. Zu bemerken ist, dass die pragmatischen Effekte der kommunikativen Handlungen auch textimmanent in der auktorialen Erzählung bei den Romanfiguren nachvollziehbar sind.

Hierbei gilt es, die illokutionäre Kraft und die perlokutionäre Wirkung der Äußerungsakte wie auch den semantischen Gehalt der Aussagen zu berücksichtigen. Im Vergleich zum pragmatischen Kontext des Alltagslebens kann die pragmatische Literaturanalyse einen Verlust und einen Gewinn an Information aufzeigen. Im Kontext des Alltagslebens können die Absichten des Sprechers und die Wirkung auf den Adressaten durch kontextuelle Begleitzeichen wie Intonation, Blick, Gesichtsausdruck und begleitende Gestik erkannt werden. Sie verraten, ob der Adressat die Absichten gut, schlecht oder überhaupt nicht versteht.

In der fiktionalen Rede sind diese situativen Gegebenheiten des kommunikativen Handlungsvollzugs nicht direkt gegeben. Deshalb « scheint die fiktionale Rede noch nicht alle für den illokutionären Sprechakt geltenden Voraussetzungen zu erfüllen »[33], wie Wolfgang Iser zu Recht bemerkt. Der literarische Text enthält wesenshaft Leerstellen und Unbestimmtheiten, die der Leser imaginär erst füllen muss.

Nichtsdestoweniger ist der Erkenntniswert einer pragmatischen Analyse literarischer Texte evident, denn der Verlust kontextueller Begleitzeichen wird auf andere Art ausgeglichen. In der Tat werden in literarischen Texten eine ganze Anzahl von kommunikativen Wirkungen sprachlich beschrieben, die im Alltag bei Äußerungsakten zwar wahrgenommen werden können, oft aber vom Gesprächspartner gar nicht bemerkt werden. Der Vorteil des Projizierens der mitgelieferten textuellen Beschreibungen in literarischen Texten liegt darin, dass der Leser diese mehrmals nachlesen und über die Details nachdenken kann. Auf diese Weise kann er sie besser analysieren, das Implizite und das Unausgesprochene wahrnehmen und Informationen erkennen, die auf den ersten Blick nebensächlich erscheinen, es in Wirklichkeit aber nicht sind.

---

[32] Dieser Aspekt bezieht sich auf die Rezeptionsästhetik, die hier nicht näher diskutiert wird. Vgl. Paul VALERY: *Tel Quel*, Gallimard, Paris 1941, S. 7–18 u.a. Wolfgang ISER, Hans Robert JAUSS und Umberto ECO.
[33] Wolfgang ISER: *Der Akt des Lesens*, a.a.O., S. 101.

Hinzu kommt, dass die gegebene Distanz eine bessere Urteilsfähigkeit und eine größere Objektivität bei der Bewertung der Reden, Gesten, Tatsachen und Handlungen ermöglicht. So kann der Leser Motivationen und Reaktionen der Romangestalten erkennen und verstehen, die er im unmittelbaren pragmatischen Kommunikationskontext der Wirklichkeit vielleicht nicht erkennen und verstehen würde. Darüber hinaus bietet die Literatur im Vergleich zum pragmatischen Kontext der Alltagswelt eine höchst wichtige zusätzliche pragmatische Dimension. *Nur in der narrativen Fiktion, und nirgendwo anders, können wir die geheimsten Gedanken und Gefühle einer anderen Person lesen*[34]. Die literarische Sprache macht es möglich, in den Kopf und das Gewissen einer anderen Person einzudringen, diese innerlich denken oder sprechen zu hören, von ihren Reaktionen, ihren Intentionen und Erwartungen zu erfahren, die sie vielleicht vor anderen verbergen möchte. Auf diese Weise kann die literarische Sprache den Kern des «Ich» enthüllen, der im pragmatischen Kontext der Interaktion unzugänglich ist. Alles in allem erlaubt die Literatur somit, obgleich auf virtueller Ebene, Kenntnis von Dingen zu erlangen, über die die Pragmatik der Alltagssprache nur Hypothesen aufstellen kann. Die Welt der fiktionalen Erzählung ist die Alltagswelt der Romangestalten, und der Erzähler schildert die Figuren dieser Welt wie Menschen der Alltagswelt, die denken, fühlen, handeln und reagieren und von ihren eigenen Gedanken, Gefühlen und Handlungen sprechen. Es fragt sich, über welche Formen der Erzähltechnik der Schriftsteller verfügt, um das Bewusstsein und das Innenleben der Romanfiguren darzustellen.[35]

Die Enthüllung der subjektiven Gedanken und Gefühle der Romanfiguren vollzieht sich narratologisch mithilfe vier verschiedener Erzählweisen: der direkten oder indirekten Rede, der psychologischen Erzählung oder dem Gedankenbericht, der erlebten Rede und den inneren Monolog. Die älteste Form ist die *direkte oder indirekte Rede*, die auch von einer anderen Figur oder dem allwissenden Erzähler mitgeteilt werden kann. Aristoteles betrachtet den Wechsel der Stimmen oder Sprecher bzw. den Übergang von der Stimme des Erzählers zu den Stimmen der Figuren, als das eigentliche Merkmal des Epos, und lobt Homer, weil jener es verstand, hinter seinen Figuren zu verschwinden. Diese Redeformen sind zugleich Äußerungsakte der Figuren und Aussagen mit semantischem Gehalt. Das Darstellen einer Pluralität von Sprechern, nämlich der verschiedenen Figuren, erlaubt dem Autor das Darstellen einer Pluralität von Bewusstseinshaltungen, was bedingt, dass er jede Figur zu einem autonomen Subjekt macht. Das Aneinanderreihen dieser Stimmen bzw. autonomen Subjekte macht aus einem Roman, der dieses Erzählverfahren anwendet, einen

---

[34] Käte HAMBURGER hat diese These in ihrem Buch *Die Logik der Dichtung,* a.a.O. entwickelt. Vgl. Jochen VOGT: *Aspekte erzählender Prosa,* a.a.O., S. 145.
[35] Die folgenden Erläuterungen zu den Erzählstrategien beziehen sich insbesondere auf Jochen VOGT: *Aspekte erzählender Prosa,* Kapitel 4, a.a.O.

polyphonen Roman. Dostojewski hat sich als Meister dieser Erzählform erwiesen[36].

Diese Art Diskurs kennzeichnet ebenso die Figuren wie die kommunikative Situation, in der er gehalten wird. In Dostojewskis Roman *Schuld und Sühne (1866)* geht Raskolnikow, ein armer Student, zur alten Wucherin Ivanovna, um seine Uhr in Pfand zu geben:

> « Was wünschen Sie? », fragte die Alte in scharfem Ton, nachdem sie ins Zimmer getreten war und, wie vorher, sich gerade vor ihn hingestellt hatte, um ihm genau ins Gesicht blicken zu können.
> « Ich bringe ein Stück zum Verpfänden. Da ist es!»
> Er zog eine alte, flache silberne Uhr aus der Tasche. Auf dem hinteren Deckel war ein Globus dargestellt. Die Kette war von Stahl.
> « Das frühere Pfand ist auch schon verfallen. Vorgestern war der Monat abgelaufen. »
> « Ich will Ihnen für noch einen Monat Zinsen zahlen. Haben Sie noch Geduld. »
> « Es ist bei mir, Väterchen, ob ich mich noch gedulden oder Ihr Pfand jetzt verkaufen will »
> « Was geben Sie mir auf die Uhr, Aljona Iwanowna? »
> « Sie kommen immer nur mit solchen Trödelsachen, Väterchen. Die hat ja so gut wie gar keinen Wert. Auf den Ring habe ich Ihnen das vorige Mal zwei Scheinchen gegeben; aber man kann ihn beim Juwelier für anderthalb Rubel neu kaufen. »
> « Geben Sie mir auf die Uhr vier Rubel; ich löse sie wieder aus; es ist ein Erbstück von meinem Vater. Ich bekomme nächstens Geld. »
> « Anderthalb Rubel, und die Zinsen vorweg, wenn es Ihnen so recht ist. »
> « Anderthalb Rubel!», rief der junge Mann.
> « Ganz nach Ihrem Belieben! »
> Mit diesen Worten hielt ihm die Alte die Uhr wieder hin. Der junge Mann nahm sie und war so *ergrimmt*, dass er schon im Begriff stand wegzugehen; aber er *besann* sich noch schnell eines andern, da ihm *einfiel,* dass er an keine andre Stelle gehen könnte und dass er auch noch zu einem andern Zweck gekommen war.
> « Nun, dann geben Sie her: » sagte er in grobem Ton.»[37]

Die direkte Rede zwischen Raskolnikow und der alten Wucherin ist dialogisch gestaltet und dramatisch zugespitzt. Sie begleitet nicht nur die Handlung, sie selbst *ist* Handlung. Vom pragmatischen Gesichtspunkt aus hat die Rede des Protagonisten eine doppelte Funktion: zum einen spricht Raskolnikow seine

---

[36] Vgl. die Analyse von Michail BAKHTIN: *Probleme der Poetik Dostojevskijs,* Ullstein Tb, Berlin 1988. Bakhtin bezeichnet Dostojewski als den Begründer des polyphonen Romans. Die Reden können auch ineinander verschachtelt sein, z.B. wenn eine Figur die Rede einer anderen Figur innerhalb der eigenen Rede wiedergibt. Die antike Rhetorik nennt diese Techniken *oratio recta* und oratio *obliqua.* Vgl. hierzu Gerard GENETTE: *Nouveau discours du récit,* Seuil, Paris 1983.

[37] Fjodor Dostojewski: *Schuld und Sühne,* Insel Tb 969, Frankfurt a.M., 1986, S. 12f. Dieses Beispiel ist von Jochen VOGT: *Aspekte erzählender Prosa,* vgl. a.a.O., S. 150–151.

Intention aus (seine Uhr in Pfand zu geben, um Geld zu bekommen), zum anderen aber verdeckt er seine wahre Intention (eine Gelegenheit zur Ermordung der Alten auszuspähen).

Der Leser nimmt das Gesagte und das Ungesagte wahr, denn er versteht die geheimen Gedanken und Gefühle des Protagonisten, die jener natürlich vor seiner Kommunikationspartnerin verbirgt. Im Laufe des Romans beschreibt die direkte Rede, inbegriffen die Monologe, sowohl die Gefühle, Spekulationen und Gewissensprobleme Raskolnikows als auch seine sozialen Beziehungen. Die direkte Rede stellt einen unmittelbaren Bezug zu den Gefühlen und Gedanken der Romanfigur her und erhöht die Intensität der psychologischen Introspektion.

Die Folge des Romans zeigt einen grammatischen Wechsel zur indirekten Rede. Dieser ist keineswegs willkürlich, sondern von pragmatischer Bedeutung. Er tritt erst auf, nachdem Raskolnikow seine Schuld gestanden und die Strafe akzeptiert hat. Somit kündigt der grammatische Wechsel einen Wechsel in der Beziehung der Figur zur erzählten Romanwelt an. Der Gebrauch der indirekten Rede signalisiert dem Leser, welche Wirkung das kommunikative Geschehen auf das Bewusstsein oder die Vorstellungswelt der Romanfigur ausübt. Raskolnikow distanziert sich zunehmend von den erlebten Geschehnissen. Dasselbe gilt auch für den Erzähler, der mit Hilfe der indirekten Rede die Meinung preisgibt, die er von der Romanfigur hat.

Eine andere, traditionelle Technik zur Darstellung des Bewusstseins ist *der Gedankenbericht oder die « Psycho-narration »*[38]. Die Autoren des 17. und 18. Jahrhunderts versuchen, nicht gesagte Gedanken, Gefühle oder Wahrnehmungen mit Hilfe von Verben wie « denken, glauben, fühlen usw. » zum Ausdruck zu bringen. Sie interessieren sich indes weniger für das Innenleben als für das erlebte Schicksal ihrer Gestalten. Wenn sie von Gedanken und Gefühlen sprechen, dann geschieht dies auf eher autoritäre Weise, ohne die Gestalten selbst von sich sprechen zu lassen. Ein Auszug aus *Wilhelm Meisters Lehrjahre (1795-96)* veranschaulicht, wie Goethe den inneren Prozess der Bildung seines Helden darstellt:

> So brachte Wilhelm seine Nächte im Genusse vertraulicher Liebe, seine Tage in Erwartung neuer seliger Stunden zu. Schon zu jener Zeit, als ihn Verlangen und Hoffnung zu Marianen hinzog fühlte er sich wie neu belebt, er fühlte, dass er ein anderer Mensch zu werden beginne; und war er mit ihr vereinigt, die Befriedigung seiner Wünsche ward eine reizende Gewohnheit. Sein Herz strebte den Gegenstand seiner Leidenschaft zu veredlen, sein Geist, das geliebte Mädchen mit sich emporzuheben. In der kleinsten Abwesenheit ergriff ihn ihr Andenken. War sie ihm sonst notwendig gewesen, so war sie ihm jetzt unentbehrlich, da er mit allen Banden der Menschheit an sie geknüpft war. Seine reine Seele fühlte, dass

---

[38] Jochen VOGT übernimmt diese Bezeichnung von Dorrit COHN: *Transparent Minds. Narrative Modes for presenting Consciousness in Fiction,* Princeton, N.J., 1978.

sie die Hälfte, mehr als die Hälfte seiner selbst sei. Er war dankbar und hingegeben ohne Grenzen.[39]

Bei dieser Erzähltechnik werden die Gefühle mit äußerster Subtilität beschrieben. Doch die Romanfigur spricht nicht selbst, sondern der allwissende Erzähler berichtet, was seiner Meinung nach im Innern der Romanfigur vorgeht. Er weiß auch, dass sich Wilhelm im obigen Beispiel Illusionen hingibt, wie der Leser im Nachhinein erfährt. Es handelt sich hier um den auktorialen Erzähler, der weiter blickt und mehr weiß als die dargestellte Romanfigur.

Dorrit Cohn unterscheidet drei Arten der psychologischen Erzählung oder Psychonarration, die sich auf das Innenleben der Romangestalten konzentriert und den Autoren erlaubt, bis in die Tiefe ihrer Psyche vorzudringen. Im ersten Fall handelt es sich um Gestalten, die ihre Gedanken, Gefühle oder Wahrnehmungen nicht selbst ausdrücken können oder wollen. Das trifft z.B. auf Kinder zu, die sich auf Grund ihrer kognitiven und sprachlichen Entwicklungsstufe noch nicht selbst über ihre Gedanken und Gefühle äußern können, oder auch auf Kranke, deren Tod nahesteht. Der zweite Fall tritt da auf, wo der Autor einen ironischen Blick auf seine Gestalten wirft und jenen gewissermaßen das Recht vorenthält, sich selbst über ihren inneren Zustand auszudrücken. Dem dritten Fall begegnen wir da, wo sich die Gedanken und Gefühle der Kontrolle der Gestalten entziehen, wie in Träumen, Visionen oder visuellen Eindrücken, die sie faszinieren oder in Angst und Schrecken versetzen können. Hier ist die Erzählung Ausdruck ihrer Ohnmacht oder ihrer Unfähigkeit zum Handeln. Der Übergang von der Psychonarration zur Rede ist in diesem Fall ein Zeichen der Befreiung oder Emanzipation, der angibt, dass die Gestalten wieder fähig sind, sich selbst als bewusste und vernünftige Subjekte auszudrücken.

Dies gilt allem voran für die *erlebte Rede* (Dorrit Cohn spricht von *narrated monologue*), die die Gedanken einer Gestalt in der 3. Person und meist im Imperfekt wiedergibt. Diese stilistische Technik vermittelt dieselbe Lebhaftigkeit wie die direkte Rede; sie zeigt die Gestalt beim Denken und Sprechen und deutet den Ton und die Gesten an und ihre Art und Weise, sich auszudrücken. Der spezifische Effekt dieser Erzähltechnik beruht auf der Spannung, die zwischen dem vom Erzähler berichteten Diskurs und der indirekten Rede der Gestalt besteht. Hier ein Beispiel aus dem *Proceß* von Franz Kafka:

> Plötzlich beim Mittagessen fiel ihm ein, er solle seine Mutter besuchen. Nun war schon das Frühjahr fast zu Ende und damit das dritte Jahr seitdem er sie nicht gesehen hatte[40].

---

[39] Johann Wolfgang von GOETHE: *Wilhelm Meisters Lehrjahre (1795/96)*, Buch I, Kap. 9, Reclam Nr. 7826 [6], S. 31.
[40] Franz KAFKA: *Der Proceß,* a.a.O., Kap. « Das Haus », S. 272. Vgl. die Ausführungen von Jochen VOGT: *Aspekte erzählender Prosa*, a.a.O., S. 164.

Die Romangestalt tritt als Subjekt und Objekt zugleich auf. Der erste Satz kündigt Josef K's Gedanken in der dritten Person in Form der *oratio obliqua* an. Der zweite Satz teilt seine Gedanken und die Gründe für seinen Entschluss mit. Der erste Satz dient also als Erzählrahmen zur Mitteilung seiner Gedanken und seines Bewusstseins. Das ist nötig, weil die Gedankenwiedergabe einer Gestalt nicht ohne Kontext geschehen kann. Obwohl der Leser auf unmittelbare Weise die Gedanken der Romanfigur erfährt, bleibt die Stimme des Erzählers nichtsdestoweniger wahrnehmbar. Genau genommen handelt es sich um eine Doppelstimme[41].

Josef K. wird hier zur Reflektorfigur, d.h. zu einem zentralen Bewusstsein, aus deren Blickfeld die Wirklichkeit wahrgenommen und dargestellt wird. Mit dieser Erzähltechnik kann das Innenleben der Romangestalten auf besonders anschauliche Weise dargestellt werden. Sie erlaubt zudem, das mit zu erfassen, was der pragmatische Kontext des Geschehens seitens der Kommunikationspartner nur vermuten lässt, nämlich die subjektiven, flüchtigen Reflexe, die Intentionen und die affektiven Stimmungen und Reaktionen, kurzum die gesamte psychische Wirklichkeit der Romanfigur in ihrem gegebenen sozialen Umfeld. Diese Art der Bewusstseinsmitteilung einer fremden Person erhöht das Einfühlungsvermögen des Lesers wie auch die Angabe der Fakten, an Hand deren die pragmatischen Effekte analysiert werden können.

Die vierte Erzähltechnik zur Darstellung des Bewusstseins oder der Gedankenwiedergabe einer fremden Person ist der *innere Monolog* (vgl. III.1. Der Sprecher in der literarischen Erzählung). Der Monolog ist das traditionelle Mittel des Dramas zur Mitteilung der Gedanken einer Person außerhalb des Dialogs. Er ist der erste Schritt, der die moderne Erzähltechnik zur spezifischen Technik des inneren Monologs oder zur *stream of consciousness*-Technik (Bewusstseinsstrom) geführt hat. Dostojewski ist bis zur Schwelle dieser Technik vorgedrungen, die die Autoren des 20. Jahrhunderts dann voll entwickelt haben. Ziel ist es, das Bewusstsein der Gestalt selbst «zum Sprechen» zu bringen und auf diese Weise die innere Sprache und die mentalen Prozesse einer fremden Person in einem vor-rationalen Stadium darzustellen.

---

[41] Vgl. hierzu Roy PASCAL: *The Dual Voice. Free indirect speech and its functioning in the nineteenth-century European novel,* Manchester 1977 (zitiert nach Jochen Vogt) sowie die Ausführungen von Claudine RABOIN zur Reflektorfigur in: *Le récit de fiction en langue allemande,* ESKA, Paris 1997, S. 15 und «Le récit avec personnage-réflecteur», S. 29–35.

3.5 Die anthropologische Struktur des Bewusstseins

Anhand der im vorherigen Kapitel vorgestellten Erzähltechniken kann dargestellt werden, was die gewöhnliche Sprachpragmatik den Begriffen der Intention oder der Erwartung unterordnet und voraussetzt. Jene spielen eine wesentliche Rolle in den Äußerungsakten und erlauben es, das Bewusstsein über die Grenze der bewussten, rationalen Rede hinaus zu ergründen, insofern als sie die pragmatischen Effekte des kommunikativen Handelns auf das Bewusstsein und das Vorstellungsvermögen der Gesprächspartner veranschaulichen.

Stellt man die Frage nach der subjektiven Vorstellung und nach dem Mechanismus der individuellen Bewusstseinskonstruktion der Romangestalten, so gesteht man der Literatur eine anthropologische Relevanz zu. Gerard Genette betont deren Bedeutung, wenn er schreibt:

> Man kann nicht sagen, « dass die Kritiker und die Literaturtheorie in ihren Literaturanalysen den anthropologischen Strukturen des Bewusstseins bisher genügend Rechnung getragen haben (…) die strukturalen Gesetze seines Funktionierens sind ganz offensichtlich von großer Bedeutung, und das in erster Linie für die Literaturkritik[42].

Zur Beschreibung dieser strukturalen Gesetze, beziehe ich mich auf die anthropologischen Analysen von George Herbert Mead und Arnold Gehlen[43], die beide das Primat der Sprache beim Verstehensprozess und bei der Identitätsbildung des Subjektes herausgestellt haben.

Mead zufolge ist die Art und Weise, wie sich das Subjekt zu sich selbst verhält als Mitsichreden zu verstehen, und dieses als Internalisierung des kommunikativen Redens mit anderen. Mead analysiert diesen Vorgang ausgehend von der behavioristischen Theorie und beschreibt das kommunikative Handeln als ein Wechselspiel von Stimuli und Reaktionen. Die Stimuli verlaufen nicht nur geradlinig in der Richtung von A nach B und von B nach A, vielmehr reagiert B auf den von A ausgehenden Stimulus, und A reagiert daraufhin auf den von B zurückwirkenden Stimulus. Die Stimuli und die von den Stimuli ausgehenden Reaktionen konditionieren und bedingen folglich wie bei einer aufwärtsführenden Spirale eine fortlaufende und wechselseitige Veränderung von individuellem Bewusstsein und sozialem Kontext. Das Funktionieren des subjektiven Bewusstseins erweist sich als untrennbar vom intersubjektiven Kontext und dem sozialen Beziehungsgeflecht, das die Individuen miteinander verbindet und ihr gegenseitiges Handeln bedingt.

---

[42] Gérard GENETTE: *Figures I,* a.a.O., S. 164; Vgl. auch Tzvetan TODOROV betont die Bedeutung der dialektischen Struktur des Bewusstseins. Vgl. « La littérature comme construction », in: *Poétique,* Nr. 24, 1975, S. 418.
[43] Vgl. George H. MEAD: *Mind, Self and Society,* University Press, Chicago 1934, (Deutsch: *Geist, Identität und Gesellschaft aus der Sicht des Sozialbehaviorismus,* Suhrkamp Tb 28, Frankfurt a.M., 1973) und Arnold GEHLEN: *Der Mensch. Seine Natur und seine Stellung in der Welt (1940),* Athenäum, Frankfurt a.M., 1966.

Diese Beschreibung entspricht der Analyse des kommunikativen Handelns von Watzlawick, Beavin und Jackson sowie der Analyse der Sprachpragmatik. Mead überträgt das behavioristische Modell auf die Ebene der symbolischen Interaktion und analysiert es als Kommunikation mit sich selbst[44]. Er geht von dem traditionellen Subjekt-Objekt-Modell aus und stützt sich auf den Begriff *to take the role of the other* (die Rolle des anderen einnehmen), was er folgendermaßen erläutert: Eine Person verhält sich zu sich selbst so wie sie sich einem anderen gegenüber verhalten würde, und sie reagiert sich selbst gegenüber so wie ein anderer ihr gegenüber reagieren könnte. Hierbei spricht die Person zu sich selbst und gibt sich selbst die Antworten, die eine andere Person ihr auch geben könnte. Das Individuum tritt in diesem Rollenspiel gewissermaßen aus sich selbst heraus und wird sich selbst zum Objekt. Mead sagt: « Denken ist einfach ein internalisierter oder impliziter Dialog des Individuums mit sich selbst »[45]. So geschieht es z.B., dass wir « Du » zu uns selbst sagen, was nichts anderes besagt, als dass wir die Perspektive eines anderen uns selbst gegenüber einnehmen. Beim Sprechen übernimmt das Individuum auf diese Weise die Reaktion des anderen und handelt von dessen Standpunkt aus.

Von diesem Mechanismus ausgehend, der an das Rollenspiel der Kinder erinnert, hat Mead die Trennung des Ich in zwei Teile abgeleitet, in das sozialisierte Ich (oder das Mich) und das eigentliche Ich. Das sozialisierte Ich (oder Mich) sieht sich mit den Augen der anderen. Es umfasst die normativen Erwartungen, die die anderen in mich setzen oder das, « was ich gewissermaßen als Objekt der gesellschaftlichen Erwartungen bin oder, schlichter ausgedrückt: wie ich, von der Gesellschaft her gesehen sein soll, sowohl in meinen Rollen als auch in meinem sonstigen Verhalten »[46]. Die andere Hälfte, das eigentliche Ich, entspricht dem subjektiven, persönlichen Teil des Ich, nämlich der individuellen Reaktion des Individuums auf die Erwartungen, die die soziale Umwelt in es setzt. « Das Ich gibt ein Bewusstsein von Freiheit[47] », denn es kann mit « Ja » oder « Nein » antworten, sich anpassen oder gegen die Umwelt ankämpfen.

Diese symbolische Zweiteilung schafft eine Distanz im Bewusstsein zwischen dem sozialisierten Ich (oder Mich) und dem eigentlichen Ich, das das erste Ich mit den Augen der anderen sieht. Das besagt, dass sich das eigentliche Ich selbst zum Objekt seines anderen, sozialisierten Ich macht. Die in Meads Theorie vorgenommene symbolische Zweiteilung ist in fiktionalen Erzählungen zu finden, wenn der Autor eine gemischte Erzählhaltung einnimmt und die Romanfigur teils als Ich und teils als Er sprechen lässt. Der Protagonist tritt auf

---

[44] Vgl. die Analyse von Ernst TUGENDTHAT: « 11. Vorlesung: Mead I: symbolische Interaktion », in: *Selbstbewußtsein und Selbstbestimmung*, a.a.O., S. 245–263.
[45] George MEAD, ibid., a.a.O., S. 47, zitiert nach E. TUGENDTHAT, ibid., a.a.O., S. 255.
[46] Ernst TUGENDTHAT, ibid., a.a.O., S. 279.
[47] George MEAD, ibid., a.a.O., S 177, zitiert nach Ernst TUGENDTHAT, ibid., a.a.O., S. 279.

diese Weise abwechselnd als Subjekt und dann als Objekt auf, das sich selbst beobachtet (vgl. Kap III.1 Der Sprecher in der literarischen Erzählung). Meads These ist folgende:

> (...) where one does (...) not only hears himself but responds to himself, talks and replies to himself as truly as the other person replies to him, that we have behavior in which the individuals become objects to themselves [48].

Der hier beschriebene Mechanismus ist derjenige einer Distanzierung und Objektivierung des eigenen Ich. Dieser ist wesentlich bei der Konstruktion des Selbstbewusstseins und der Selbstkritik. Aus anthropologischer Sicht ist die Spaltung des Ich in zwei konstitutive Teile notwendig und von großer Bedeutung für das rationale Handeln, denn es erlaubt dem Individuum, sich selbst gegenüber eine objektive, unpersönliche Haltung einzunehmen, was dann geschieht, wenn es sich zum Objekt seiner selbst macht.

Die Pragmatik würde für den Prozess des Integrierens von Verhaltensweisen eines anderen in das eigene Verhalten von Antizipation der Intentionen und Erwartungen eines anderen sprechen. Da die Menschen kritisch einander gegenüberstehen, hat die Spaltung des Ich in zwei Teile zur Folge, dass das Individuum Selbstkritik ausüben kann. Mead setzt « Selbstkritik » und « soziale Kontrolle » auf ein und dieselbe Ebene:

> The physiological mechanism of the human individual's central nervous system makes it possible for him to take the attitudes of other individuals, and the attitudes of the organized social group of which he and they are members, toward himself, in terms of his integrated social relations to them and to the group as a whole ; so that the general social process of experience and behavior which the group is carrying on is directly presented to him in his own experience, and so that he is thereby able to govern and direct his conduct consciously and critically, with reference to his relations both to the social group as a whole and to its other individual members, in terms of this social process. Thus he becomes not only self-conscious but also self-critical[49].

Die beschriebene internalisierte symbolische Interaktion zeigt auf, dass die Struktur des subjektiven Bewusstseins auf der Struktur der Sprache beruht, die ihrerseits auf sozialen Strukturen beruht. Arnold Gehlen bezieht sich auf Meads Analysen und behauptet, dass das Hineinnehmen der Antwort des anderen (Mead spricht von *the generalized other*) in die Haltung, die das Individuum sich selbst gegenüber hat, die « fundamentale Funktion ist, in der das Selbst sich von sich unterscheidet und in sich gegenübertritt, also Selbstbewusstsein sich

---

[48] George MEAD, *Mind, Self, & Society from the Standpoint Selbstbestimmung of a Social Behaviorist*, Bd. 1, hg. von Charles W. Morris, The University of Chicago Press, Chicago 1962, S. 139; vgl. Ernst TUGENDHTAt: *Selbstbewußtsein und Selbstbestimmung*, a.a.O., S. 258.
[49] George MEAD, ibid., S. 255.

entwickelt »[50], weil es auf diese Weise fähig wird, sich selbst zu erkennen und sich wie ein vis-à-vis gegenüberzutreten. Arnold Gehlen zitiert Meads These:

> And it is necessary to rational conduct that the individual should thus take an objective, impersonal attitude toward himself, that he should become an object to himself. (…)
>
> The individual experiences himself as such, not directly, but only indirectly, from the particular standpoints of other individual members of the same social group, or from the generalized standpoint of the social group as a whole to which he belongs. For he enters his own experience as a self or individual, not directly or immediately, not by becoming a subject to himself, but only in so far as he first becomes an object to himself just as other individuals are objects to him or in his experience[51].

Mead beschreibt hier, wie sich die « Innerlichkeit auf der Basis eines bestimmten äußeren Verhaltens, des kommunikativen Verhaltens, aufbaut »[52]. Die Beziehung zum anderen ist konstitutiv für die Beziehung zu sich selbst, und diese Beziehung bestimmt die Dynamik des subjektiven Bewusstseins.

Ebenso wie Mead so teilt auch Arnold Gehlen die Auffassung, dass das sprachliche Bewusstsein als treibende Kraft eine vermittelnde Rolle spielt, denn es gibt kein Denken ohne Worte und keine Sprache ohne Denken. Die mit der Sprache verbundene Intelligenz ist spezifisch menschlich. Sie erlaubt dem Menschen, was dem von seinen Instinkten geleiteten Tier nicht möglich ist, nämlich eine zeitliche Trennung und Aufschiebung zwischen den Stimuli und den Antworten. Der Mensch kann nachdenken über das, was er machen kann und möchte, und wann er es möchte.

> Dieses Aufschieben schafft also einen Leerraum, einen *Hiatus* zwischen den Bedürfnissen und den Erfüllungen, und in diesem Leerraum liegt nicht nur die Handlung, sondern auch alles sachgemäße Denken, das ebenso wenig antriebsgestört sein darf wie die Handlung, wenn es richtig und fruchtbar sein soll[53].

In Form eines anthropologischen Gesetzes beschreibt Gehlen also, was die Erzähler auf der literarischen Szene darstellen, wenn sie die innere Rede einer Romangestalt wiedergeben. Die Sprache als *Hiatus* zwischen den empfundenen Bedürfnissen und den sachgemäßen Erfüllungen, zwischen Denken und Handeln erlaubt dem Menschen, unmittelbar im tiefsten Innern zu reagieren, gleichzeitig aber ihre Reaktionen in der Außenwelt aufzuschieben. Auf diese Weise funktioniert die Sprache als ein Drittes, das die Verbindung zwischen dem

---

[50] Arnold GEHLEN: *Der Mensch, a.a.O.*, S. 208.
[51] Arnold. GEHLEN, a.a.O., S. 208. Vgl. George Mead: *Mind, Self & Society,* a.a.O., S. 138
[52] Ernst TUGENDHAT: *Selbstbewußtsein und Selbstbestimmung,* a.a.O., S. 248.
[53] Arnold GEHLEN: *Der Mensch,* a.a.O., S. 334.

Bewusstsein und der Handlung, und zwischen der Innen- und der Außenwelt herstellt. Dieser Vorgang wird bereits im angeführten Beispiel von Josef K. in Kafkas *Proceß* deutlich und tritt bei der pragmatischen Analyse der Romangestalt klar zu Tage (vgl. Kapitel IV). Arnold Gehlen führt dazu aus:

> Indem sich der Einzelne mit einem Nicht-Ich identifiziert, erreicht er ein kontrastierendes Selbstgefühl, das er in der mehr oder weniger dauernden *Darstellung* eines anderen Wesens festzuhalten vermag. Das primitive, nach außen gewendete Bewußtsein wird nur indirekt zum Selbstbewußtsein, nämlich in dem Prozeß der Darstellung eines Nicht-Ichs, und in dem durch diese Darstellung hindurchgeführten Objektwerden des eigenen Selbst, das ein anderes darstellt. Dazu gibt es ein blasses Analogon heute noch in dem « Rollenspiel » der Kinder, in das das Ich sich selbst in einem anderen gegenübertritt und so erfaßt[54].

Die aufgeführten Erzähltechniken zur Darstellung des Bewusstseins der Romangestalten veranschaulichen dieses anthropologische Gesetz. Der Rückgriff auf die innere Rede bietet ihnen die Möglichkeit, sich selber besser zu erfassen, ihre mehr oder minder verworrenen Gedanken zu erhellen, die ihr Bewusstsein nur unklar und verschwommen streifen und ihre Reaktionen auf die Reden, Gesten und Handlungen der anderen Romangestalten aufzuschieben, und auf diese Weise ihre Intentionen an Hand ihres Urteiles erst einmal kritisch zu überprüfen, bevor sie handeln. Darüber hinaus wird die innere Rede der Romangestalten anderen, nämlich den Lesern, zugänglich gemacht, die somit die Gedanken einer anderen Person lesen können, was nirgendwo anders möglich ist.

Von den aufgeführten Erzähltechniken ist die erlebte Rede wohl das wirksamste Mittel zur Beschreibung des anthropologischen Gesetzes der Objektivation in ein Nicht-Ich oder einen Dritten, welches das menschliche Bewusstsein strukturiert. Die erlebte Rede versetzt die Romangestalt in eine Position, in der sie in der dritten Person zu sich selber spricht. Dadurch wird ihr Bewusstsein auf objektive Weise wiedergegeben und ihre Fähigkeit veranschaulicht, sich selbst wie ein Objekt mit den Augen des sozialisierten Ich von außen zu betrachten und so zu sich selbst zu sprechen als spräche sie zu einer anderen Person. Die Romangestalt kann die Erwartungen und Reaktionen der anderen antizipieren, sich Überlegungen hingeben und Urteile bilden, bevor sie in das reflexive und reziproke Beziehungsgeflecht eingeht, die das pragmatische Verständnis des kommunikativen Handelns ausmacht.

---

[54] Ebd., S. 396.

4 Pragmatische Analyse des Romans *Der Proceß* von Franz Kafka

4.1 Die pragmatische Fragestellung

Der unvollendete Roman Kafkas wurde 1925 nach seinem Tod und gegen den von ihm ausdrücklich in seinem Testament verzeichneten Willen von seinem Freund Max Brod veröffentlicht. Es gibt zahlreiche übereinstimmende sowie voneinander abweichende Interpretationen zu diesem Roman. Die hier vorgestellte Analyse ist weder ein Kommentar zu den vorliegenden Interpretationen noch eine weitere Interpretation. Sie soll, kurzgefasst, die pragmatische Dynamik der Romansequenzen aufzeigen[1]. Der Roman ist von großem pragmatischen Interesse, weil die Progression der Geschehnisse und die damit verbundene Dynamik im Bewusstsein des Protagonisten deutlich veranschaulicht wird, anders gesagt, weil die illokutionäre und perlokutionäre Kraft der Sprechakte klar zu erkennen ist.

Wie kommt es, dass Josef K. am Ende der Romanhandlung ganz bescheiden seine Schuld anerkennt, wo er doch zu Beginn laut und stark seine Unschuld beteuerte? Das pragmatische Grundprinzip, nämlich die Relativität und Reziprozität im Gebrauch und in den Effekten der Sprechhandlungen werden durch die Veränderungen der objektiven und subjektiven Konstellation in den Romansequenzen verdeutlicht. Der doppelten Wirkung der Sprechakte in Bezug auf Handlung und Bewusstsein entspricht auch die doppelte Struktur dieses Romans, denn die erzählten Geschehnisse spielen sich simultan auf der Ebene der Fakten und auf der Ebene des Bewusstseins des Protagonisten ab. Schon das Titelwort *Proceß* beinhaltet eine Überdeterminierung, die durch die ganze Romanhandlung hindurch fortbesteht. Es hat eine Bedeutung im eigentlichen Sinn, insofern es sich auf einen objektiven Rechtsstreit in einem gerichtlichen Verfahren bezieht, und eine Bedeutung im übertragenen Sinn, insofern es sich auf einen subjektiven Vorgang bezieht, der sich über eine gewisse Zeit hinzieht und bei dem sich allmählich etwas herausbildet, d.h. eine Veränderung im Bewusstsein des Protagonisten.

---

[1] Vgl. meine ausführliche Analyse des Romans in Elfie POULAIN: *Kafka. Einbahnstraße zur Hölle oder die unmögliche Selbstrechtfertigung des Daseins,* Metzler, Stuttgart 2003.

Kafka schreibt diesen Roman in den Jahren 1914-1915, d.h. zu einer Zeit, als der Erste Weltkrieg wütete. Doch spielt Kafka keineswegs auf die historischen Kämpfe an, vielmehr verlegt er diese Kämpfe in das Innenleben seines Protagonisten. Die Geschichte des Romans spielt sich in einer großen Stadt und ihren elenden Vororten ab. Sie beginnt mit der Verhaftung des Protagonisten Josef K. am Morgen seines 30. Geburtstags und endet mit dem Todesurteil und seiner Hinrichtung, die er demütig hinnimmt, am Vorabend seines 31. Geburtstages. Wie erklärt es sich, dass Josef K. so radikal seine Haltung und Einstellung sich selbst und dem gegen ihn angestrengten Prozess gegenüber ändert?

Der Roman beginnt wie ein Kriminalroman mit den üblichen Sequenzen eines juristischen Verfahrens: K's Verhaftung, sein Verhör, seine Verteidigung durch den Advokaten Huld, sein Todesurteil und die Hinrichtung. Doch in diesem augenscheinlich normalen Verfahren bemerkt man das Fehlen oder die Abänderung einiger wichtiger Bindeglieder. Es gibt keine öffentliche Gerichtsverhandlung; die Verteidigung durch den Advokaten Huld bleibt in den einleitenden Besprechungen stecken, denn man weiß nicht genau, wogegen sich die erste Eingabe zu richten hat (120)[2]; zudem finden die Besprechungen in dessen Privatsphäre statt, nämlich in seinem Schlafzimmer; Josef wird nie mit dem zuständigen Richter konfrontiert; das Todesurteil bleibt unbekannt und seine Schuld, die ja Anfang und Ende eines jeden Prozesses darstellt, wird weder genau festgelegt noch nachgewiesen. In dieser Hinsicht entfernt sich die Romanhandlung von einem normalen Prozess und dem traditionellen Kriminalroman.

Hinzu kommt, dass die Handlung sich nicht wie in einer gewöhnlichen Kriminalgeschichte mit den Ereignissen beschäftigt, die der Verhaftung vorausgehen und sukzessive zur Erhellung des Deliktes führen. Sie konzentriert sich allein auf die Gegenwart des Protagonisten, der nach Bekanntgabe der Verhaftung das ganze Jahr über erfolglos von einer Instanz zur anderen irrt, um sich für ein Vergehen zu rechtfertigen, das rätselhaft bleibt. Seine Schuld wird von einem absoluten Gesetz, welches dem Juristen Josef K. unbekannt ist, für eine absolute Schuld gehalten, die von einem anonym und unsichtbar bleibenden Gericht ausgeht, von dem K. nur untergeordnete Beamte antrifft. Im Gegensatz zu den gewöhnlichen Gerichten in den schönen Stadtvierteln befinden sich die dunklen, staubigen Arbeitszimmer dieses ungewöhnlichen und unsichtbaren Gerichts in den Speichern eines armen, verfallenen Hauses, das in den Randzonen einer Stadt liegt, die gewisse Parallelen mit Prag aufweist. Zum rätselhaften Charakter all dieser Fakten gesellt sich das rätselhafte Verhalten des Protagonisten, der sich den unfassbaren Instanzen gegenüber so verhält wie jeder gewöhnliche Mensch sich gegenüber einer Gerichtsinstanz verhalten würde.

---

[2] Franz Kafka: *Der Proceß*, nach der kritischen Ausgabe hg. von Hans-Gerd Koch, Fischer TB 12443, Frankfurt a.M. 1996. Die im Text in Klammern erscheinenden Seitenzahlen beziehen sich auf diese Ausgabe.

Will der Leser Anzeichen und Beweise der Romanhandlung in der Semantik des Erzählten suchen, dann wird er wohl enttäuscht sein. Um zum Verständnis und zur Erklärung der Geschehnisse vorzudringen, wird er über den rein semantischen Inhalt hinausgehen und die Wirkungen betrachten müssen, die das kommunikative Handeln der Romanhandlung hervorbringen, anders gesagt, er wird sich mit der pragmatischen Tragweite der Sprechakte beschäftigen müssen. Die Abfolge und Verkettung der pragmatischen Effekte der Romanhandlung verläuft in Form einer aufwärtsführenden Spirale, bei der sich drei Phasen abzeichnen, die eine Veränderung von K's Bewusstsein und Verhalten in Bezug auf sich selbst und in Bezug auf den Prozess deutlich machen.

4.2 Die mutmaßliche Unschuld von Josef K.

In der ersten Phase ist der Protagonist voll und ganz von seiner Unschuld überzeugt (Kap. Verhaftung; Gespräch mit Frau Grubach / Dann Fräulein Bürstner; Erste Untersuchung). Der Roman setzt ein mit dem berühmt gewordenen Satz:

> Jemand mußte Josef K. verleumdet haben, denn ohne daß er etwas Böses getan hätte, wurde er eines Morgens verhaftet (9).

Dieser erste Satz, der direkt in das Geschehen hineinführt setzt den Rahmen des fiktionalen Geschehens. Wir erfahren die subjektiven Gedanken des Protagonisten, seinen Namen, den situativen Kontext und die Tatsache, auf die er reagiert. Beim Aufwachen am Morgen seines 30. Geburtstags im kleinen Zimmer der Pension von Frau Grubach erblickt K. vom Bett aus drei fremde, schwarzgekleidete Männer, zwei Wächter und den Aufseher, die gekommen sind, um ihn zu verhaften.

Die narrative Perspektive ist in diesem ersten Satz noch gemischt. Man erfährt von Josef K's Gedanken und gleichfalls vermutet man die Gegenwart eines Erzählers. Zwei Sätze weiter wird die Situation klarer, wenn man liest: « K. wartete noch ein Weilchen, sah von seinem Kopfkissen aus ... » (9). Hier spricht Josef K. zu sich selbst, so als spräche eine andere Person, die ihn aus der Distanz beobachten würde. Auf diese Weise wird er zur Reflektorfigur, die wie ein « Ich » spricht und handelt und sich gleichzeitig wie ein « Er » von außen betrachtet. Der Leser wird somit auf die Bewusstseinsebene der Romangestalt versetzt, was in weiten Teilen des Romans aufrechterhalten wird. Er verfolgt die Gedanken und die folgenden Ereignisse von der subjektiven Perspektive des Protagonisten aus. Hierbei weiß er nicht mehr und nicht weniger als Josef K.; er denkt gleichzeitig mit der Romangestalt und stellt Hypothesen auf. So wird der Leser unverzüglich in die so typische, rätselhafte und undurchdringliche Atmosphäre mit hineingezogen, und das Geschehen lässt ihn genauso perplex wie die Gestalt selber es ist.

Vom ersten Satz an stellt sich die pragmatische Frage nach der Identität des Sprechers. Wer ist dieser « jemand », der Josef K. verleumdet haben könnte? Im Laufe des Gesprächs zwischen K. und den Wächtern erfährt der Leser, dass diese Männer Gesandte des Gerichts sind, von dem K. nie gehört hat und dass sich wie eine unbekannte Größe vor ihm aufbäumt. Von diesem Moment an ist das pragmatisch wichtige Thema des Romans angezeigt: Es ist der Kampf zwischen dem Protagonisten und der Welt des Gerichts, vor dem er sich zu rechtfertigen hat. Das Indefinitpronomen « jemand » ist Ausdruck des anonymen, zweifelhaften und hypothetischen Ursprungs der Geschehnisse. Josef K. macht Vermutungen über die Intention seines Gegenübers, und denkt, man habe Falsches über ihn gesagt und wolle ihm Schaden zufügen. Der Satz steht dementsprechend im Konjunktiv, wird folglich als möglich, aber ungewiss gedacht. Die Hypothese stellt das Problem der Wahrheit und der Lüge, der Gerechtigkeit und der Ungerechtigkeit, der Unschuld und der Schuld, das den Kern von Josef K's Kampf ausmacht. K. benutzt auch das Wort « Böses » zur Beschreibung des Irrtums, dem er vermutlich erliegt. Der Begriff steht in Opposition zum Guten und konnotiert biblische Motive, den Teufel und Evas Ungehorsam im Paradies, kraft derer das Böse in die Welt gelangt. Die Konnotation wird verstärkt durch das kurz darauf folgende Motiv des Apfels: « Er warf sich auf sein Bett und nahm vom Nachttisch einen schönen Apfel » (16).

Auch der Name des Protagonisten, Josef K., ist überdeterminiert und ruft pragmatische Fragen hervor. Der Name identifiziert die Person als diesen Einzelnen in der sozialen Welt. Hier ist der Name auf einen einzigen Buchstaben, d.h. auf die Chiffre K. reduziert. Der amputierte Name lässt auf eine amputierte Identität schließen und konnotiert ein Identitätsproblem. Dem wird in der Tat so sein, denn der Prozess wird K's persönlicher und sozialer Identität Schaden zufügen. K's Eifer bei der Suche nach seinen Identitätspapieren ist ein Zeichen dafür, dass er zu Beginn des Romans ein starkes Identitätsgefühl hat und glaubt, das Vorzeigen seiner Papiere allein genüge, um seine unbescholtene Identität und Unschuld zu beweisen. Er ist immerhin Prokurist einer großen Bank. Was den Vornamen Josef anbetrifft, so verweist er auf die jüdisch-christliche Tradition, auf Jakobs Sohn Josef im *Alten Testament* und auf den Vater von Jesus im *Neuen Testament*. In manchen katholischen Ländern war oder ist es üblich, einem jeden neugeborenen Jungen den Namen Josef beizufügen, was den Namen Josef K. vollends zur reinen Chiffre machen würde. Der Name könnte aber natürlich auf den Autor selbst verweisen, was Kafka zu bekräftigen scheint, wenn er im Tagebucheintrag vom 27. Januar 1922 den Aufenthalt in der *Spindlermühle* erwähnt, wo er unter einem falschen Namen eingetragen wurde:

> Trotzdem ich dem Hotel deutlich meinen Namen geschrieben habe, trotzdem auch sie mir zweimal schon richtig geschrieben haben, steht doch unten auf der Tafel Josef K. Soll ich sie aufklären oder soll ich mich von ihnen aufklären lassen?[3]

Die Reduktion des Namens auf die Chiffre K. und die Tatsache, dass es sich um einen sehr gebräuchlichen männlichen Vornamen handelt, könnte nahelegen, den Namen des Protagonisten zu verallgemeinern und auf den Menschen *sui generis* zu beziehen, was den Weg zu einer existentiellen Interpretation des Romans öffnet[4]. Auch die Beschreibung der Kleider der Wächter und des Aufsehers, die schwarze Reiseanzüge tragen, haben Zeichenwert, wobei die Begriffe « Reise » und « schwarz » Aufmerksamkeit erwecken. Woher kommen diese Männer und wohin geht die Reise? Die Symbolik der Farbe schwarz lässt an das Ende des Romans denken, an die Hinrichtung und den Tod des Protagonisten. Die beiden Begriffe sind dementsprechend eine Anspielung auf die existentielle Situation des Menschen. Sein Aufenthalt in dieser Welt ist nichts anderes als eine Reise, die in den Tod führt. Es handelt sich hier um eine narrative Antizipation der Romanhandlung.

Auch der Tag der Verhaftung, nämlich der 30. Geburtstag, ist von existentieller Bedeutung und kann in seiner Überdeterminierung gelesen werden. Dieser Tag stellt gewissermaßen eine Schwelle im Leben dar, d.h. den Übergang von der Jugend zum Leben eines reifen Menschen. Man denke an Jesus in der christlichen Tradition, der im Alter von 30 sein öffentliches Leben begann, oder auch an Casanova, der zur Zeit seiner Gefangennahme im 30. Lebensjahr stand[5]. Auch in Kafkas Privatleben war der 30. Geburtstag von großer Bedeutung. An diesem Tag erhielt er einen Brief seiner Verlobten Felice, in dem sie seine Zweifel in Bezug auf eine baldige Heirat zerstreute. Wie bekannt, hat er sein Eheversprechen gebrochen, was schreckliche Schuldgefühle in ihm geweckt hatte[6].

Der Kontext selbst trägt zur Ambivalenz der Verhaftungsszene bei. Noch im Bett, morgens beim Aufwachen, wird er durch die Gegenwart und die Reden der Gesandten des Gerichts erschreckt. Er befindet sich also in einem Schwebezustand zwischen Schlaf und Wachsein, und man kann sich fragen, ob das Erlebte nicht einfach die Folge eines Alptraums oder eines Wachtraums ist? Man weiß nicht, wie und woher diese Männer kommen, die so plötzlich vor ihm stehen und die zu K's Erstaunen auch ebenso plötzlich wieder verschwunden

---

[3] Franz KAFKA: *Tagebücher 1914 – 1923*, Fischer TB 12451, Krit. Ausgabe hg. von Hans-Gerd KOCH, Frankfurt a.M. 1994, S. 210.
[4] Eine solche bietet Albert Camus in: « L'espoir et l'absurde dans l'œuvre de Franz Kafka », in: *Le Mythe de Sisyphe. Essais*, Gallimard, La Pléiade, Paris 1965, S. 199–211.
[5] Vgl. Michael MÜLLER: *Franz Kafka. Der Proceß,* Reclam: Erläuterungen und Dokumente, Stuttgart 1993, S. 8.
[6] Elias Canetti hat die Verbindung zwischen diesem privaten Geschehen und der Genese des Romans *Der Proceß* analysiert, in: *Der andere Prozeß. Kafkas Briefe an Felice.* Hanser, München 1969.

sind. An deren Stelle stehen plötzlich zu K's großer Verwunderung drei untergeordnete Beamte, seine Kollegen, vor ihm und wollen ihn zur Bank begleiten. Das Halbdunkel im Zimmer und das sonderbare Verhalten und Gekicher der Wächter verleiht der Szene einen fantastischen Charakter und lassen den Eindruck eines Schwebezustands aufkommen zwischen der subjektiven Wahrnehmung des Protagonisten und der Wirklichkeit. Zahlreiche weitere Szenen spielen sich übrigens in Schlafzimmern ab, wie beim Advokaten Huld oder beim Maler Titorelli, bei dem eine verkleidete Wandtür direkt zu den Speichern führt, auf denen sich Büroräume des Gerichts befinden, die denjenigen zum Verwechseln ähneln, die K. am anderen Ende der Stadt aufgesucht hatte. Hier erfährt K. auch, dass es auf allen Speichern Gerichte gibt.

Die vorangegangenen Überlegungen zeugen von einer ständigen Durchdringung von realen und irrealen Dingen, von Geschehnissen im konkreten und übertragenen Sinn. Adorno schreibt über Kafkas Erzähltechnik:

> Jeder Satz steht buchstäblich, und jeder bedeutet. Beides ist nicht, wie das Symbol es möchte, verschmolzen, sondern klafft auseinander, und aus dem Abgrund dazwischen blendet der grelle Strahl der Faszination[7].

Kafkas Sprache ist die Gleichzeitigkeit, Simultaneität des Wörtlichen und Bedeuteten. Dies gibt ihr eine hohe ästhetische Valenz und Literarizität Kafka spielt mit der Subtilität der Sprache und lässt den eigentlichen und den übertragenen Sinn koexistieren. Die Entschlüsselung dieser narrativen Technik ist Teil der pragmatischen Fragestellung.

Kafkas Kunst, den Aussagen einen Doppelsinn zu verleihen, kommt schon im ersten Satz zum Ausdruck, in der Sequenz « wurde verhaftet », sowie später im Gespräch mit dem Wächter: « Nein », sagte der Mann beim Fenster (…) « Sie dürfen nicht weggehn, Sie sind ja gefangen » (11). Es handelt sich um einen Äußerungsakt mit illokutionärer und perlokutionärer Kraft. Die Aussage des Wächters hat Gesetzeskraft, denn indem er sagt, K. sei verhaftet bzw. gefangen, vollzieht er auch den Akt der Gefangennahme. K. gehorcht unverzüglich, verlässt sein Zimmer nicht und isst auch nicht sein Frühstück. Er erkennt folglich die Autorität an, die die Wächter als Gesandte des Gerichts über ihn ausüben. Die soziale Rolle ist hier ausschlaggebend. Würde Frau Grubach zu ihm sagen, er sei gefangen, so hätte ihre Aussage als Zimmervermieterin keinerlei Geltung und K. würde auch nicht gehorchen. Der Äußerungsakt der Wächter ist jedoch nicht auf das Erkennen der Intentionen begrenzt; seine perlokutionäre Kraft ist am weiteren Verhalten des Protagonisten ablesbar. Die Gefangennahme verpflichtet Josef K. zu antworten und zu reagieren, und nach anfänglichem Zögern fühlt sich K. wirklich verhaftet. Auch gibt er schnell die Vermutung auf,

---

[7] Theodor W. ADORNO: « Aufzeichnungen zu Kafka », in: *Prismen. Gesammelte Schriften. Kulturkritik und Gesellschaft*, Bd. 10.1, Suhrkamp, Frankfurt a.M. 1997, S. 255. Vgl. Elfie POULAIN: *Kafka. Einbahnstraße zur Hölle*, a.a.O., S. 109 ff.

das Ganze sei nur ein Spaß der Kollegen, denn er erkennt sehr wohl, dass die Wächter nicht zum Spaß gekommen sind.

Die Wirkung des Äußerungsaktes auf K's Bewusstsein zeigt sich darin, dass er seine Meinung ändert, nicht mehr denkt, es sei ein Spaß der Kollegen zum Geburtstag, sondern auf einen Irrtum des Gerichts schließt. Deshalb fragt er auch nach dem Verhaftungsbefehl und kündigt an, seinen Rechtsanwalt hinzuzuziehen. Die Wächter ihrerseits verstehen die Verhaftung auf ihre ganz spezifische Weise und erläutern das Vorgehen des Gerichts:

> Unsere Behörde, soweit ich sie kenne, und ich kenne nur die niedrigsten Grade, sucht doch nicht etwa die Schuld in der Bevölkerung, sondern wird wie es im Gesetz heißt von der Schuld angezogen und muss uns Wächter ausschicken. Das ist Gesetz. Wo gäbe es da einen Irrtum? (14)

Diese Erklärung schafft Verwirrung im Bewusstsein des Protagonisten, der die Lage nach gewöhnlichen juristischen Gesetzen beurteilt, d.h. nach den Fakten eines Vergehens und nicht nach irgendeiner Anziehungskraft einer unbekannten Schuld. Das Gespräch mit dem Aufseher verstärkt K's Verwirrung noch. Er kann nämlich trotz der Verhaftung weiter zur Bank arbeiten gehen und sich im Alltagsleben wie ein freier Mensch bewegen. In seinem Kopf aber sieht es anders aus, denn all seine Gedanken, Worte und Handlungen zeigen, dass ihn die Verhaftungsszene keineswegs gleichgültig lässt, und das bedeutet, dass er in seinem Bewusstsein nicht mehr so frei ist wie vordem. Hier zeigt sich die perlokutionäre Kraft des Äußerungsaktes der Wächter. Arnold Gehlen schreibt in Bezug auf die anthropologische Struktur des Bewusstseins, die sich hier bei Kafkas Romangestalt offenbart:

> Vor allem dies: alle Antriebe auch des reifen Menschen sind kommunikativ, also ebenso intellektualisiert wie handlungsnah. (...) Bei der Wahrnehmung, der Sprache, der Bewegung haben wir dieses einzigartige Geschehen aufgezeigt, in dem es immer nur reflektierte Vorgänge gibt, indem jedes Verhalten nach außen nur durch ein Verhalten zu sich selbst geht, und umgekehrt: das ist die Grundsituation des Menschen als eines « nicht festgestellten » Wesens[8].

Josef K. hat zwar weiter ein reines Gewissen, doch zeigt sich die Wirkung der Äußerungsakte der Wächter darin, dass er nunmehr seine ganze Kraft daran setzt, die gegen ihn begangene Ungerechtigkeit, wie er glaubt, wieder gutzumachen. Seine erste Handlung, die seine Verwirrung preisgibt, ist die, seine Zimmervermieterin, Frau Grubach, nach seiner Arbeit aufzusuchen. Er meint, die alte Frau kenne ihn gut, und deshalb könne sie ihm auch seine Unschuld versichern. Beim Gespräch mit ihr überlegt er:

> Ob sie mir die Hand reichen wird? Der Aufseher hat mir die Hand nicht gereicht, dachte er und sah die Frau anders als früher, prüfend an. (29)

---

[8] Arnold GEHLEN: *Der Mensch*, a.a.O., S. 346–347.

Nun, Frau Grubach wird ihm die Hand nicht reichen, und das lässt ihn perplex. Er geht also zu einer zweiten Person, zu Frl. Bürstner, seiner Zimmernachbarin. Doch auch von ihr erhält er keine Bestätigung seiner Unschuld, die ihn doch beruhigen könnte. Paul Watzlawik, Janet H. Beavin und Don D. Jackson erklären diese Art Verhalten:

> In der menschlichen Gesellschaft (…) bestätigen sich die Menschen gegenseitig in den ihnen eigenen Fähigkeiten und Möglichkeiten, und eine Gesellschaft kann als menschlich gelten sofern sich ihre Mitglieder gegenseitig bestätigen[9].

K's Wunsch nach Bestätigung ist zweifellos Ausdruck des perlokutionären Effektes, den die Verhaftung in seinem Bewusstsein auslöst. Es ist den Wächtern gelungen, ihn zu verunsichern, und deshalb empfindet er das Bedürfnis, sich seine Unschuld von einer anderen Person bestätigen zu lassen. Dieses Bedürfnis ist eine anthropologische Konstante, denn was ich subjektiv in meinem Innern denke, kann einem Irrtum unterliegen. Ich kann mich irren, was mich selbst betrifft, so wie ich mich auch betreffs einer anderen Person oder einer Sache irren kann. Nur in der Kommunikation können die Individuen « das Feld ihres Solipsismus und Subjektivismus verlassen und sich mit Erkenntnissen, Zielen und Handlungen identifizieren, die für alle gelten »[10]:

> Hegel ist es nun gewesen, der am deutlichsten gesehen hat, wie das Selbstbewusstsein sich selbst erst in einem anderen Selbstbewusstsein erwirbt: das Ich, das Selbstbewusstsein *ist* wesentlich nur als *anerkanntes*[11].

So erklärt sich, dass Josef K. fast erleichtert ist, wenn das Gericht ihn zum Verhör bestellt, weil er hier eine Gelegenheit sieht, seine Unschuld zu beweisen. Seine Rede vor dem Gericht zeugt von seinem Stolz und seiner Selbstsicherheit. Er verlässt den Saal und ruft in Richtung Untersuchungsrichter und Versammlung: « Ihr Lumpen (…) ich schenke Euch alle Verhöre » (59). Durch diese Herausforderung glaubt er guten Gewissens das letzte Wort in dieser Angelegenheit gesprochen zu haben.

4.3 Die Wege des Zweifels von Josef K.

Zunächst scheinen die Dinge so zu verlaufen, wie K. es wünscht. Das Gericht meldet sich nicht mehr, und der Prozess könnte damit beendet sein. Doch dem ist

---

[9] Paul WATZLAWICK / Janet H. BEAVIN / Don D. JACKSON: *Menschliche Kommunikation (Pragmatics of human communication). Formen, Störungen, Paradoxien*, Huber, Bern u.a. 1985, Kap. 3.331 « Bestätigung ».

[10] Jacques POULAIN: « La sensibilisation de la raison dans l'anthropologie pragmatique », in: *Critique de la raison phénoménologique. La transformation pragmatique,* hg. von Jacques Poulain, Cerf, Paris 1991, S. 191.

[11] Arnold GEHLEN: *Theorie der Willensfreiheit (1933),* Luchterhand, Neuwied a.M. 1965, S. 223–224.

keineswegs so. Josef K. kann nicht umhin, dauernd an die Reden und Handlungen der Gesandten des Gerichts und des Untersuchungsrichters zu denken; er findet keine Ruhe. Da er nirgendwo eine Bestätigung seiner Unschuld erlangen konnte und das Gericht sich in Schweigen hüllt, beginnen sich Zweifel in ihm zu regen, und er selbst wird die Affäre wieder ankurbeln. Der Äußerungsakt der Wächter hat unvermindert Einfluss auf K's Bewusstsein und determiniert seine weiteren Gedanken, Reden und Handlungen. An diesem Punkt beginnt die zweite Phase der pragmatischen Determination (Kap. Im leeren Sitzungssaal / Der Student / Die Kanzleien; Der Prügler; Der Onkel / Leni).

Wenn das Gericht in der ersten Phase K. gesucht hatte, so ist es nunmehr K., der das Gericht suchen wird, was ihn ganz konkret durch die Stadt bis hin zu den labyrinthischen Gängen auf den Gerichtsspeichern treibt. Sein verzweifeltes, konkretes Herumirren ist Ausdruck seiner sich überstürzenden Gedanken, die sich sozusagen in den labyrinthischen Wegen seines eigenen Bewusstseins verirren. Das Kapitel « Im leeren Sitzungssaal » beginnt folgendermaßen:

> K. wartete während der nächsten Woche von Tag zu Tag auf eine neuerliche Verständigung, er konnte nicht glauben, daß man seinen Verzicht auf Verhöre wörtlich genommen hatte (60).

Deshalb rennt er am folgenden Sonntag bis ans andere Ende der Stadt zu den Speichern des Gerichts. Dieses Verhalten ist ein Zeichen des perlokutionären Effekts, den die Verhaftung in K's Bewusstsein hervorgerufen hat. Auf semantischer Ebene hatte die Verhaftung keinerlei direkte Folgen, denn K. wurde nirgendwo eingesperrt und gefangen gehalten. Anders sieht es in seinem Bewusstsein aus. Hier, und nur hier, ist er ein Gefangener geworden, ein Gefangener der Idee, verhaftet worden zu sein. Das Wort *verhaften* ist in diesem Kontext überdeterminiert, insofern es über den wörtlichen Sinn hinaus auch den übertragenen Sinn der Redewendung *einer Sache verhaftet sein* betrifft. Die Verhaftung erfolgt auf zwei Ebenen, als konkrete Verhaftung in seinem Schlafzimmer am Morgen seines 30. Geburtstags, und als mentale Verhaftung, denn er wird zum Gefangenen des Zimmers, das er in seinem Kopf trägt. Der Entzug der Freiheit als Folge einer Verhaftung wird in K's Fall synonym mit dem Entzug der Freiheit, sich unschuldig zu denken. Kafka bestätigt diese Hypothese, die ebenfalls die Idee bestätigt, der Prozess sei gleichzeitig als Bewusstseinsprozess zu betrachten. Das Gericht auf den Speichern verweist auf das Gericht im Kopf des Protagonisten:

> Jeder Mensch trägt ein Zimmer in sich[12].

Zwei Tatsachen zeugen von K's beginnendem Interesse an seinem Prozess: Er sucht eigenmächtig das Gericht auf, und er schlägt in den Gesetzesbüchern nach, die er im leeren Sitzungssaal vorfindet, um mehr über das sonderbare Gesetz und

---

[12] Franz KAFKA: *Beim Bau der chinesischen Mauer*, krit. Ausgabe von Hans-Gerd Koch, Fischer Tb Nr. 12446, S. 44.

das unsichtbare Gericht zu erfahren. Hierbei wird die Reflexivität der pragmatischen Effekte im kommunikativen Handeln sichtbar, d.h. die Beziehung von A zu B und die Rückwirkung von B auf A. Sowohl die Wächter als auch Fräulein Bürstners Verhalten und Aussagen hatten K. neugierig gemacht. Er wollte also mehr über dieses mysteriöse Gericht wissen, von dem Fräulein Bürstner sagte, es habe « eine eigentümliche Anziehungskraft, nicht? » (35) als K. eine Bestätigung seiner Unschuld bei ihr suchte. Die Tatsache, dass K. sich nun auf die Suche nach diesem Gericht macht, ist eine Bestätigung dieser eigentümlichen Anziehungskraft, von der auch die Wächter sprachen: Das Gericht wird von der Schuld angezogen, und der Schuldige fühlt sich vom Gericht angezogen. Die Sprechakttheorie kommt am Beispiel dieser Verhaftung anschaulich zur Darstellung. Indem die Wächter K's Verhaftung aussprechen, ist K. unverzüglich im Zimmer der Pension verhaftet, das er nicht zu verlassen wagt, und, wie die weiteren Ereignisse zeigen, mental im Zimmer seines Kopfes, d.h. in seinem Bewusstsein, denn er kann sich nicht mehr von dem Gedanken an diese Verhaftung und an die mutmaßliche Schuld befreien.

In dieser zweiten Phase, die durch seine Neugier für das Gericht geprägt ist und in der er weiter seine Unschuld beweisen will, ist er innerlich und gefühlsmäßig vorerst noch nicht von seinem Prozess abhängig. Das Selbstvertrauen, das ihm sein sozialer Status als Prokurist einer großen Bank verleiht, gibt ihm ein Gefühl der Überlegenheit gegenüber diesem Gericht, über das er sich lustig macht, weil es in so armseligen und schmutzigen Behausungen untergebracht ist. Gemeinsam mit der Frau im leeren Sitzungssaal kritisiert er « die Verbesserungsbedürftigkeit dieses Gerichtswesens » (62). Doch einige Zeit danach kommt sein Onkel zu Besuch und stellt ihn zur Rede, weil er den Prozess nicht ernst nimmt. Wenn K. argumentiert, dass es sich ja gar nicht um einen Prozess vor dem gewöhnlichen Gericht handelt, dann findet der Onkel das umso schlimmer; er fürchtet, das Ansehen der Familie werde in Mitleidenschaft gezogen, und betont:

> Deine Gleichgültigkeit bringt mich um den Verstand. Wenn man Dich ansieht möchte man fast dem Sprichwort glauben: 'Einen solchen Proceß haben, heißt ihn schon verloren haben' (101).

Die Worte des Onkels sind ein Vorzeichen dessen, was K. erwartet. Der Prozess stellt seine soziale Integrität in Frage. Würde er den Prozess verlieren, verlöre er auch sein Ansehen und vermutlich seine Stellung als Prokurist. K's Beziehungen zu seiner Umwelt, zu den subalternen Beamten der Bank, zu Frau Grubach oder den Frauen, mit denen er verkehrt, alles zeigt, dass er sehr stolz auf seine Stellung in der Gesellschaft ist. Wert und Sinn seines Lebens hängen von seiner Stellung ab. Der Beweis seiner Unschuld, der Beweis, dass das Gericht einen Irrtum begeht, ist folglich für ihn eine lebenswichtige, existentielle Frage für die Wahrung seiner persönlichen und sozialen Identität.

Das Romangeschehen bestätigt auf diese Weise die anfänglich aufgestellte Hypothese, dass der amputierte Name K. im pragmatischen Sinn auf eine amputierte Identität hinweist. Zudem wird der reziproke Mechanismus bestätigt, der die Basis des Identitätsausweises ausmacht, d.h. die Projektion eines Selbstbildes von der Innenwelt in die Außenwelt und die Rezeption des Selbstbildes von der Außenwelt in die Innenwelt. Die anthropologische Theorie, laut der sich das Individuum ein Selbstbildnis macht und diesem Bild gemäß reagiert und handelt, wird am Verhalten K's deutlich. Das Selbstbildnis wird zu einem theoretischen Selbstbildnis im eigentlichen Sinn des Wortes Theorie, d.h. zu einer treibenden Kraft, die sich in Handlung, in Praxis, verwandelt. Das Individuum liefert der Außenwelt ein Bild von sich selbst, das an seine Person gebunden ist und als sein Charakter oder seine Persönlichkeit interpretiert wird. Dieses Selbstbildnis wirkt aber auf das Individuum zurück, denn die anderen machen sich ein Bild von diesem Individuum, das mit dem übereinstimmt, was sie von ihm wissen, d.h. mit seinen vorangegangenen Reden und Handlungen.

Das Bild, das sich die anderen von jenem Individuum machen, ist mitgeprägt durch das Bild, das es selbst nach außen von sich abgibt, und dieses Bild bildet die Grundlage für die Erwartungen, die die anderen in es setzen. So empfängt das Individuum von der Außenwelt wie durch einen Spiegel das Bild zurück, das es sich von seiner eigenen Person macht und von sich gibt, allerdings als verändertes, sozial korrigiertes Bild. Das von der Außenwelt empfangene Selbstbildnis funktioniert wie eine Kontrollinstanz des Selbstbildnisses. Eine Art Verpflichtung geht von ihm aus, denn das Individuum wird versuchen, entweder diesem Bildnis in seinen Handlungen zu entsprechen oder aber dieses Bildnis zu korrigieren, wenn es meint, dass das Bild der anderen nicht dem entspricht, das es selbst von sich hat. Dieser Projektionsmechanismus bezieht sich auf das, was Heidegger *Entwurf* nennt. Hier ist es zu verstehen als etwas, was eine Antwort seitens der *Mitwelt* bzw. der sozialen Umwelt zur Folge hat. In seiner pragmatischen Dimension entspricht dieser Mechanismus den intersubjektiven Beziehungen oder der Wechselbeziehung zwischen dem Individuum und seiner sozialen Welt, die eine gegenseitige und reziproke Durchdringung bewirkt:

> Die Identität einer Person kann deshalb nur auf der Ebene der Intersubjektivität gesichert werden. So kann sich meine Identität nicht unabhängig von den Identifikationen ausbilden, die andere mit mir vornehmen. (...) zureichend ist allein die Selbstrepräsentation: ich muss mich als derjenige, der ich bin, zu erkennen geben. (...) Identitätsmerkmale sind Merkmale der Selbstidentifikation. Ich kann einen anderen prinzipiell nur nach den Merkmalen identifizieren, nach denen er sich selber identifiziert[13].

Tzvetan Todorov gelangt zu derselben Schlussfolgerung im Zuge der Analyse des dialogischen Prinzips Bachtins:

> Allein der mythische Adam, der mit seiner ersten Rede der unberührten und noch nicht gesagten Welt gegenübertritt, allein dieser einsame Adam konnte die absolut

---

[13] Jürgen HABERMAS: « Notizen zum Begriff der Rollenkompetenz 1972», in: *Kultur und Kritik,* Suhrkamp, Frankfurt a.M. 1973, S. 220.

notwendige gegenseitige Reorientierung in Bezug auf die Rede eines anderen vermeiden[14].

Die pragmatische Dynamik der Romansequenzen veranschaulicht den Mechanismus der Wechselwirkung auf das Bewusstsein und auf die soziale Umwelt. Im Kontext von K's *Prozeß* zeigt sich der perlokutionäre Effekt der Rede des Onkels darin, dass Josef K. mit ihm zu einem alten Freund, dem Advokaten Huld, geht und ihn mit seiner Verteidigung beauftragt. Der Zufall will es, dass der Kanzleidirektor gerade dem kranken Advokaten einen Besuch abstattet, als die beiden kommen. Doch anstatt die Gelegenheit wahr zu nehmen und sich nach seinem Prozess zu erkundigen, hat K. nichts Eiligeres zu tun, als sich mit Leni, der Krankenpflegerin, davonzuschleichen. Allem Anschein nach ist zu dieser Zeit die Anziehungskraft der Frau noch größer als die des Gerichts, was er bei einem späteren Besuch auch bestätigt:

> Sie dürften bei meinem ersten Besuch, als ich mit meinem Onkel zu Ihnen kam, bemerkt haben, dass mir an dem Proceß nicht viel lag (196).

Dennoch kann der Leser bemerken, dass K's Interesse für Leni nicht ganz interesselos ist, denn obgleich ihn die Begierde zu dieser Frau treibt, versäumt er es nicht, sie zum Sprechen zu bringen, um seine Neugier zu stillen und mehr über den Advokaten und das Gericht zu erfahren. Doch das Gerede Lenis wirkt in seinem Bewusstsein nach, und zeigt im Anschluss an die Reden des Onkels und des Advokaten als perlokutionären Effekt, dass sich sein Interesse für seinen Prozess zunehmend steigert, was eine erneute Wende in seinem Verhalten dem Prozess gegenüber zur Folge hat. Der Mechanismus der Reziprozität, der die Grundlage der Pragmatik des kommunikativen Handelns ausmacht, kommt hier als Effekt der Äußerungsakte von anderen Personen klar zum Ausdruck.

4.4 Der erbitterte Kampf von Josef K.

Das folgende Kapitel « Advokat / Fabrikant / Maler » kennzeichnet den Anfang der dritten und letzten Phase im Kampf zwischen Josef K. und dem anonymen Gericht. Von nun an widmet sich K. voll und ganz seinem Prozess, er vernachlässigt dabei sogar seine Arbeit bei der Bank, die ihm so viel bedeutet. K's Situation lässt an die berühmten Worte aus Goethes Faustmythos denken:

> Zwei Seelen wohnen, ach! in meiner Brust[15].

Im *Faust* geht es um den hintergründigen Sinn der menschlichen Existenz, um den Menschen in der Zerreißprobe zwischen hellen und dunklen Mächten. Goethes Vers wird zitiert, wenn ein Mensch eine schwere Entscheidung treffen

---

[14] Tzvetan TODOROV: *Michael Bakhtine. Le principe dialogique. Suivi d'Ecrits du Cercle de Bakhtine,* Seuil, Paris 1981, S. 98. Zitat übersetzt von Elfie Poulain.
[15] Johann Wolfgang von GOETHE: *Faust I,* Vers 1112.

muss, wenn er zwischen zwei Möglichkeiten, die sich ihm bieten, die aber einander ausschließen, hin- und hergerissen wird. Das ist die Situation von Josef K. in diesem Roman. Er zögert lange zwischen Ablehnung und Zustimmung zum Prozess, zwischen seiner Arbeit bei der Bank, die auf einer äußeren Verpflichtung zum Erhalt seines sozialen Status beruht, und seinem Einsatz für seinen persönlichen Prozess, der zu einer inneren Verpflichtung für ihn wird, um seine Unschuld zu beweisen und sein gutes Gewissen zu wahren.

Er befindet sich also in der Situation einer blockierten Kommunikation, die ein pragmatisches Paradoxon ist[16]. Kafka selbst beschreibt diese Art Paradoxon folgendermaßen:

> Niemand kann verlangen, was ihm im letzten Grunde schadet. Hat es beim einzelnen Menschen doch diesen Anschein – und diesen hat es vielleicht immer – so erklärt sich dies dadurch, dass jemand im Menschen etwas verlangt, was diesem jemand zwar nutzt, aber einem zweiten jemand, der halb zur Beurteilung des Falles herangezogen wird, schwer schadet. Hätte sich der Mensch gleich anfangs, nicht erst bei der Beurteilung des Falles ganz auf Seite des zweiten Jemand gestellt, wäre der erste Jemand erloschen und mit ihm das Verlangen[17].

Josef K. hat in der gegebenen Situation die Wahl zwischen der Möglichkeit, sich weiter für seine Bank einzusetzen oder aber für seine Verteidigung in seinem persönlichen Prozess zu arbeiten. Diese Möglichkeiten schließen einander aus. Arbeitet er wie gewöhnlich für die Bank, dann kann er sich nicht ausreichend mit seinem Prozess beschäftigen. Arbeitet er aber für die eigene Verteidigung, dann ist er gezwungen, die Bankgeschäfte zu vernachlässigen. Der Prozess ist mittlerweile zu einer fixen Idee geworden, von der er nicht mehr loskommt. Das Gericht, das er kritisiert hatte und das er lächerlich machen wollte, richtet sich wie ein Riesenfeind vor ihm auf, der umso beängstigender ist, als er unsichtbar und unfassbar bleibt.

Zu Beginn dieses Kapitels kommt K. eines Morgens zur Bank, fühlt sich aber so von der Idee seines Prozesses besessen, dass er sich nicht auf seine Arbeit konzentrieren kann. Man liest:

> Aber statt zu arbeiten drehte er sich in seinem Sessel, verschob langsam einige Gegenstände auf dem Tisch, ließ dann aber, ohne es zu wissen den ganzen Arm ausgestreckt auf der Tischplatte liegen und blieb mit gesenktem Kopf unbeweglich sitzen.
>
> Der Gedanke an den Proceß verließ ihn nicht mehr (118).
>
> (...) er hatte kaum mehr die Wahl den Proceß anzunehmen oder abzulehnen, er stand mitten darin und musste sich wehren (132)

---

[16] Paul WATZLAWICK, Janet H. BEAVIN und Don D. JACKSON analysieren diese Art Situation unter dem Begriff *double bind*. Vgl. *Menschliche Kommunikation (Pragmatics of human communication)*, a.a.O.
[17] Franz KAFKA: *Beim Bau der chinesischen Mauer*, a.a.O., S. 192.

Von nun an stürzt er sich immer mehr in seine Selbstverteidigung, wobei er notgedrungen immer mehr seine berufliche Arbeit vernachlässigt. Eines Tages überlässt er sogar die Akte eines Klienten seinem Rivalen, dem Direktor-Stellvertreter, was vordem unmöglich gewesen wäre. K. bekennt seine Verwirrung:

> Was für ein Hindernis war plötzlich in K.'s Laufbahn geworfen worden! Und jetzt sollte er für die Bank arbeiten? (139)

Als ihm dann der Fabrikant erzählt, er habe vom Maler Titorelli, der ja für das Gericht arbeitet, von seinem persönlichen Prozess erfahren, und ihm sogar ein Empfehlungsschreiben gibt und rät, er solle diesen Maler doch aufsuchen, überlegt K.:

> Selbst im günstigsten Fall war der Vorteil, den ihm die Empfehlung bringen konnte, unverhältnismäßig kleiner als der Schaden, der darin lag, daß der Fabrikant von seinem Proceß wußte und daß der Maler die Nachricht weiter verbreitete. (143)

In Gedanken sieht sich K. also mit den Augen einer andern Person. Er fürchtet, dass das Gerücht von seinem Prozess umhergehe und seiner Stellung in der Gesellschaft schaden würde. Das ist ihm so unerträglich, dass er aus lauter Angst und trotz der schon lange im Vorzimmer wartenden Herren unverzüglich mitten am Tag sein Büro verlässt und zum Maler Titorelli eilt, der in einem kleinen Dachzimmer direkt neben den Gerichtskammern auf den Speichern wohnt.

Der Maler erklärt ihm ausführlich die drei Möglichkeiten, die K. angesichts seines Prozesses ergreifen könnte: die wirkliche Freisprechung, die scheinbare Freisprechung und die Verschleppung (160). Diese Möglichkeiten sind in Wirklichkeit drei Unmöglichkeiten, denn die erste, die wirkliche Freisprechung, existiert dem Maler nach überhaupt nicht, und die zwei anderen sind zwei verschiedene Wege zur Beeinflussung der Richter mit dem Ziel, den Prozess in die Länge zu ziehen. Der Maler spricht aus Erfahrung, wenn er sagt:

> Ich weiß von keiner wirklichen Freisprechung, wohl aber von vielen Beeinflussungen. Es ist natürlich möglich, daß in allen mir bekannten Fällen keine Unschuld vorhanden war. Aber ist das nicht unwahrscheinlich? In so vielen Fällen keine einzige Unschuld ? (161)

Die Rede des Malers hat zur Folge, dass K. noch unsicherer und noch ängstlicher wird als er ohnehin schon ist. Doch der perlokutionäre Effekt der Äußerungsakte seiner Gesprächspartner reicht noch weiter, insofern er das Bewusstsein, das K. von seiner Unschuld hatte, hochgradig erschüttert. Der Maler hatte mehrmals beteuert, dass es unmöglich ist, in dieser Art Prozess eine Unschuld zu beweisen, dass aber K's Fall natürlich anders aussehe, da K. ja ganz unschuldig sei. Bei diesen Reden kann K. nicht umhin zu denken: « Die wiederholte Erwähnung seiner Unschuld wurde K. schon lästig » (160). Diese Feststellung zeigt, dass ihm Zweifel kommen, innere Zweifel an seiner Unschuld, die sich äußerlich in seinem zunehmenden Unwohlsein ausdrücken und an sein Unwohlsein in den Gängen des Gerichts erinnern. K's körperliche Ohnmacht ist Ausdruck seiner sichtbar gewordenen inneren Ohnmacht diesem Prozess und diesem Gericht gegenüber. Wie dem auch sei, die Folge seiner Begegnung und Kommunikation mit dem Maler ist die, dass er sich entschließt, dem Advokaten seine Verteidigung zu entziehen (175) und sich voll und ganz für seinen Prozess zu engagieren, was bedeutet, dass er wohl oder übel seine Arbeit an der Bank vernachlässigen muss. Der Kaufmann Block, den er im Vorzimmer des Advokaten trifft, bestärkt ihn in seinem Entschluss: « Wenn man für seinen Proceß etwas tun will », sagt er, « kann man sich mit anderem nur wenig befassen » (182).

Seit geraumer Zeit hatte K. schon auf die Eingabe der Verteidigungsschrift seitens des Advokaten gehofft, doch immer umsonst. Er fühlte sich zwischen seiner Verpflichtung dem Advokaten gegenüber und seinem Wunsch, die Sache zu beschleunigen und selbst die Schrift auszuarbeiten, hin und her gerissen. In seinem *Tagebuch* beschreibt Kafka die innere Zerrissenheit, in die er hier seine Romangestalt versetzt, folgendermaßen:

> Er hat zwei Gegner, der Erste bedrängt ihn von rückwärts vom Ursprung her, der Zweite verwehrt ihm den Weg nach vorne. Er kämpft mit beiden. Eigentlich unterstützt ihn der Erste im Kampf mit dem Zweiten, denn er will ihn nach vorne drängen und ebenso unterstützt ihn der Zweite im Kampf mit dem Ersten, denn er treibt ihn doch zurück.[18]

Tatsache ist, dass K's Verteidigung die ganzen Monate über nicht über die Vorstufen hinausgekommen war, wodurch sich seine Ungeduld und seine Besorgnis ungemein gesteigert hatten. Er erklärt dem Advokaten:

> (…) ich erkenne auch an, daß Sie sich meiner Sache so sehr angenommen haben, wie es Ihnen möglich ist und wie es Ihnen für mich vorteilhaft scheint. Ich jedoch habe in der letzten Zeit die Überzeugung gewonnen, daß das nicht genügend ist. (…) und es ist meiner Überzeugung nach notwendig viel kräftiger in den Proceß einzugreifen, als es bisher geschehen ist. (196)

Wenn K. sich schließlich entschließt, einen gnadenlosen Kampf gegen dieses Gericht zu führen, so ist dieser Entschluss das Resultat der kommunikativen Handlung, die Veränderungen in seinem Bewusstsein und seinem sozialen Umfeld herbeigeführt haben. Er denkt an die Möglichkeit, sich Ferien zu nehmen oder seine Arbeit in der Bank ganz aufzugeben, um sich ausschließlich der Ausarbeitung seiner Verteidigungsschrift zu widmen. Hierbei unterschätzt er aber nicht die ungeheuren Schwierigkeiten, denen er sich stellen muss, denn wie soll er seine Eingabe ausarbeiten, wo er doch nicht die geringste Kenntnis des Anklagepunktes gegen ihn hat? Der Advokat hatte ihm ja ausführlich das Problem geschildert, dass weder der Angeklagte noch die Verteidiger Kenntnis von der Anklageschrift erlangen können und man folglich auch nicht wisse,

---

[18] Franz KAFKA: *Tagebücher 1914 – 1923*, a.a.O., S. 177.

gegen was man argumentieren müsse. Angesichts dieser ungeheuren Hindernisse, so überlegt K., sei die Redaktion seiner Verteidigungsschrift praktisch unmöglich. Er kommt zu dem Glauben,

> (...) daß es unmöglich war, die Eingabe jemals fertigzustellen. Nicht aus Faulheit oder Hinterlist, die den Advokaten allein an der Fertigstellung hindern konnten, sondern weil in Unkenntnis der vorhandenen Anklage und gar ihrer möglichen Erweiterungen das ganze Leben in den kleinsten Handlungen und Ereignissen in die Erinnerung zurückgebracht, dargestellt und von allen Seiten überprüft werden mußte. (134)

Josef K. befindet sich hier in einer *double-bind*-Situation, d.h. einer paradoxen, ausweglosen Situation. Der Anthropologe Gehlen erklärt, dass der Mensch, der anders als das Tier nicht von Instinkten geleitet wird, nichts in sich selbst besitzt, was ihm Kriterien für sein Verhalten liefern könnte. Deshalb habe er sich Stützen in der Außenwelt geschaffen, d.h. Werte und Institutionen, die ihn leiten können[19]. Doch wenn diese Werte und Institutionen nicht mehr glaubwürdig sind, dann erfüllen sie auch nicht mehr ihre verhaltensregulierende Rolle. Dann fühlt sich der Mensch gezwungen, sich zu entscheiden und zu handeln, ohne zu wissen, was er entscheiden und machen soll, und ohne darüber hinaus zu wissen, ob dass, was er schließlich entscheidet und tut, gut und gerecht für ihn selbst und für die anderen ist. Diese andauernde Verpflichtung zum ungewissen Handeln nennt Gehlen die *unbestimmte Verpflichtung*[20]. Sie mobilisiert das Bewusstsein, das eine angemessene aber nicht vorgegebene, faktisch existierende Antwort sucht, und verursacht ein labiles, schwankendes Verhalten und ein Angstgefühl angesichts der Ungewissheit und Unsicherheit.

Man erkennt deutlich die Parallele zwischen der anthropologischen Situation, die Gehlen beschreibt, und der Situation, in der sich Josef K. befindet. Die quälende Ungewissheit, die K. innerlich zernagt, ist das unbekannte Gericht, das nach einem unbekannten Gesetz urteilt und das K. eines ihm unbekannten Vergehens anklagt. K. befindet sich hier in einer Situation, die Kafka in « Zur Frage der Gesetze » wie folgt beschreibt: « (...) es ist doch etwas äußerst Quälendes nach Gesetzen beherrscht zu werden, die man nicht kennt.[21] » K. weiß, dass er handeln muss, weiß aber nicht, wie er handeln muss. Diese Ungewissheit löst den Impuls aus, etwas zu tun, und so rennt K. blindlings überall herum, um Auskünfte und Hilfe zu suchen. Da er die zuständigen Beamten des Gerichts nicht antreffen kann, nähert er sich den Frauen, die ihn gutwillig anhören, trösten und bis an die Schwelle des Gerichts führen, in Wirklichkeit aber durch ihr verführerisches Geschwätz noch mehr in die Irre führen und noch mehr desorientieren. Das

---

[19] Vgl. Arnold GEHLEN: Kapitel 8. « Das Entlastungsgesetz – Rolle des Bewusstseins », in: *Der Mensch,* a.a.O., S. 62–73.
[20] Vgl. Arnold GEHLEN: *Urmensch und Spätkultur,* insb. Kapitel 29 « Unbestimmte Verpflichtungen », Athenäum, Frankfurt a.M. u.a., 1964, S. 136–145.
[21] Franz KAFKA: *Zur Frage der Gesetze und andere Schriften aus dem Nachlaß,* Fischer Tb 12447, Krit. Ausgabe, Frankfurt a.M., 1994, S. 106.

vorletzte Kapitel « Im Dom » zeigt, dass K. nur noch für sich selbst arbeitet, auch wenn er vorgibt, für die Bank zu arbeiten. K. war in den Dom gekommen, um ihn einem italienischen Klienten zu zeigen, der aber schließlich nicht erscheint. Stattdessen trifft K. einen Geistlichen, der ihm das Urteil verkündet. Der Geistliche, der sich als der Gefängniskaplan vorstellt, sagt:

> Ich habe Dich hierherrufen lassen (…) Man hält Dich für schuldig. (222–223)

Pragmatisch gesehen, sind Ort und Kontext der Urteilsverkündung von besonderer Bedeutung. Der Dom ist ein Ort, der in der christlichen Tradition die sichtbare und die unsichtbare Welt verbindet. Auf diese Weise deutet er eine Durchdringung von konkretem und übertragenem Sinn an. Er gibt an, dass sich der Prozess sowohl auf der zeitlichen, sichtbaren Ebene abspielt wie auch als unsichtbarer Prozess auf der Ebene von Josef K's Bewusstsein, anders gesagt als eine Prozedur, die K. gegen sich selbst inszeniert und in der er sich selbst be- und verurteilt [22].

Josef K. veranschaulicht das Urteil, dass der Mensch als Erbe der Funktion Gottes in einer von Gott verlassenen Welt künftig zum absoluten Angeklagten für das Übel in der Welt wird. Er gerät unter einen absoluten Rechtfertigungsdruck und befindet sich fortwährend vor einem Gericht, vor dem der Mensch selbst als Ankläger und Richter steht[23].

Der Geistliche im Dom klagt K. an, sich zu viel auf Fremde verlassen zu haben:

> Du suchst zuviel fremde Hilfe », sagte der Geistliche mißbilligend, « und besonders bei den Frauen. Merkst Du denn nicht, daß es nicht die wahre Hilfe ist. » (223–224)

Und zur Veranschaulichung für das Funktionieren des Gerichts erzählt er ihm die Türhüterlegende, die intertextuell den Talmud zitiert. Die Anklage in Bezug auf K's Beziehung zu den Frauen ist insofern gerechtfertigt, als K. die Frauen sozusagen als Objekte zur Erfüllung seiner persönlichen Anliegen benutzt, was in der Tat als moralischer Fehler zu betrachten ist.

Im Rahmen der pragmatischen Analyse ist zu bemerken, dass der pragmatische Effekt der Urteilsverkündung darin liegt, dass K. das Urteil des unbekannten Gerichts ohne jeglichen Widerstand annimmt. Am Vorabend seines 31. Geburtstages holen ihn zwei schwarzgekleidete Männer ab. Auf dem Weg zu seiner Hinrichtung gesteht er eine gewisse Schuld seinerseits ein:

---

[22] Franz KAFKA schreibt in: *Zur Frage der Gesetze und andere Schriften aus dem Nachlaß,* krit. Ausgabe von Hans-Gerd Koch, Fischer Tb 12447, Frankfurt a.M. 1994, S. 85: Wie tragen doch die Leute ihren eigenen Feind, so ohnmächtig er ist, immer in sich.
[23] Odo MARQUARD: « Der angeklagte und der entlastete Mensch », in: *Abschied vom Prinzipiellen,* Reclam, Stuttgart 1995, S. 48–49.

> Ich wollte immer mit zwanzig Händen in die Welt hineinfahren und überdies zu einem nicht zu billigenden Zweck. Das war unrichtig (...). (238)

K's Geständnis ist eine Selbstkritik. Er betrachtet sich mit den Augen « seines sozialisierten Ichs », wie Mead und Tugendhat es ausdrücken, und erkennt, was Nietzsche treffend in einem Aphorismus formuliert:

> Wer tiefer denkt, weiß, daß er immer unrecht hat, er mag handeln und urteilen, wie er will.[24]

Die Analyse der pragmatischen Romansequenzen veranschaulicht die Dynamik kommunikativen Handelns. Sie zeigt zum einen die bestehende Wechselwirkung zwischen dem Protagonisten Josef K. und seinem sozialen Kontext und zum anderen die dadurch ausgelöste Wechselwirkung zwischen seinem Denken, Sprechen und Handeln. Die Folge dieser Dynamik ist eine progressive und kontinuierliche Veränderung sowohl seines individuellen Bewusstseins wie auch eine Veränderung seiner sozialen Umwelt. Das Ende des Romans verbleibt ebenso rätselhaft wie die anfängliche Frage. Worauf bezieht sich die Anklage? Worin besteht K's Schuld? Wer ist dieses Gericht und wer ist dieser Richter? Die Ohnmacht des Menschen angesichts seines Schicksals wird in diesem Roman deutlich. Er veranschaulicht die Grenzen des menschlichen Wissens und zeigt an Hand der Erfahrung Josef K's, dass der Mensch letztendlich unfähig ist, sein eigenes Leben zu rechtfertigen, oder, wie Kafka im « Oktavheft H » schreibt:

> Wie könnte ich die Vielheit meiner Taten und Lebensumstände rechtfertigen[25].

---

[24] Friedrich NIETZSCHE: *Menschliches Allzumenschliches (1886)*, § 518, Insel TB 614, Frankfurt a.M. 1982, S. 274.
[25] Franz KAFKA: *Beim Bau der chinesischen Mauer und andere Schriften aus dem Nachlaß*, Fischer Tb 1290, Krit. Ausgabe, S. 203.

Schlussfolgerung : Von der Textpragmatik zur anthropologischen Struktur des Bewusstseins

Die im vorliegenden Band unternommene Analyse ist der Frage nachgegangen, wie und inwieweit die Erkenntnisse der Sprachpragmatik einen methodologischen Zugang für die Interpretation von literarischen Texten bieten kann und inwiefern die Analyse des kommunikativen Handelns in den literarischen Texten ihrerseits den fortschreitenden Bildungsprozess des menschlichen Bewusstseins veranschaulichen kann. Herausgestellt wurde, dass die sprachlichen und außersprachlichen Zeichen, die der pragmatischen Analyse des kommunikativen Handelns im Alltagsleben zugrunde liegen, auf der Ebene der fiktionalen, virtuellen Romanwelt dem Leser als Sprachwelt zugänglich sind und folglich mit Hilfe der methodologischen Begriffe sowohl der Sprachpragmatik als auch der Begriffe der literarischen Erzähltheorien analysierbar werden. Die pragmatischen und texttheoretischen Begriffe, die in diesem Band ebenfalls vorgestellt werden, bieten in der Tat ein methodisches Raster zur Entschlüsselung der pragmatischen Wirkungen, die die Reden, Handlungen und sozialen Gegebenheiten innerhalb des Romangeschehens auf die Protagonisten und auf die Bildung ihres Bewusstseins ausüben. Der Leser kann an Hand der Romanhandlung nachvollziehen und beschreiben, welchen Sinn die Protagonisten den Zeichen zuschreiben und wie sie bewusst auf diese Zeichen innerhalb ihres sozialen Kontextes reagieren und ihrerseits wieder Sinn produzieren und Wirkungen auslösen.

Die im 4. Kapitel durchgeführte pragmatische Analyse der Romansequenzen und Spracheffekte im Roman *Der Proceß* von Franz Kafka zeigt auf, dass das Fortschreiten der Texteinheiten und die Veränderungen im Bewusstsein des Protagonisten einander wechselseitig bedingen und verändern. Dieser Vorgang veranschaulicht die pragmatische Hypothese, dass das individuelle Bewusstsein dynamisch mit dem kommunikativen Handeln verkettet ist und dass die hervorgebrachten pragmatischen Spracheffekte eine fortlaufende Veränderung sowohl im erlebten sozialen Kontext wie auch im Denken, Sprechen und Handeln der betroffenen Personen bewirken.

Dem Einwand, die Basis der hier vorliegenden pragmatischen Analyse sei doch nur fiktional und könne einer pragmatischen Analyse von Sprechakten unserer gesprochenen Sprache nicht gleichgesetzt werden, ist zu entgegnen, dass sich die Struktur der literarischen Sprache nicht von der Struktur der Alltagssprache unterscheidet (vgl. Kapitel II.5 Literarische Sprache und Alltagssprache). Folglich kann festgehalten werden, dass die pragmatische Analyse des kommunikativen Handelns, und das heißt auch des kommunikativen Handelns auf fiktionaler Ebene, das anthropologische Gesetz veranschaulicht, demzufolge sich das Bewusstsein des Menschen auf Basis des kommunikativen Handelns strukturiert und sein Selbstbildnis und sein Verhältnis zur Mit- und Umwelt prägt. So wie pragmatisch betrachtet die Bedeutung, die eine Person sprachlichen und nicht-sprachlichen Ausdrücken zuschreibt, nicht kontextunabhängig ist, so kann auch die Strukturierung seines Bewusstseins und seiner Persönlichkeit nicht kontextunabhängig erfolgen.

Josef K's Werdegang im Roman *Der Proceß* macht den Mechanismus der Relativität und der Reziprozität dieses anthropologischen Gesetzes deutlich, das auch die Basis der pragmatischen Theorie ausmacht. Auf der Handlungsebene beschreibt der Roman, wie Josef K. vergeblich durch die Stadt wie durch ein undurchdringliches Labyrinth irrt und sich von einer Instanz und einer Person zur anderen vorwärts schleppt, ohne jedoch bei der Erhellung der Gründe vorwärts zu kommen, die ihn zu seinem Prozess geführt haben. Auf der Bewusstseinsebene allerdings werden die illokutionären und perlokutionären Effekte sichtbar, die die Reden und Handlungen der anderen Gestalten auf seine Person ausüben. Die Interaktion mit seiner sozialen Umwelt, vor allem mit den Vertretern des Gerichts, bewirkt eine progressive Veränderung im Bewusstsein, das er von sich selbst und seiner Unschuld angesichts dieses Prozesses hat.

Die pragmatische Dynamik liest sich wie folgt: die Anklage des Gerichts löst den Prozess der Rechtfertigung und Verteidigung aus. Josef K. setzt alle Hebel in Bewegung, um seine Unschuld zu beweisen, die in Anbetracht der Gesetze, die bei den « gewöhnlichen » Gerichten gelten, außer Zweifel steht. Doch da die Anklage in diesem Roman von einem « ungewöhnlichen » Gericht ausgeht, das zudem unsichtbar und unerreichbar bleibt und sich auf ein Gesetz beruft, das der Protagonist, der ja selbst Jurist ist, nicht kennt, haben auch die von ihm vorgebrachten juristischen Argumente keinerlei Geltung in den Augen dieses Gerichts. Dieses Gerichts verurteilt nicht nur Josef K's Bemühungen zum Scheitern, es übt auch rückwirkend eine Veränderung im Bewusstsein aus, das er von sich selbst und seiner Unschuld hat.

Die subjektive Bewusstseinsdynamik beruht in diesem Roman auf dem Mechanismus der gegenseitigen Faszination. Zum einen wird das Gericht von Josef K's Schuld angezogen und zum anderen fühlt sich Josef K., der vermeintlich Schuldige, vom Gericht angezogen, das ihm nicht aus dem Kopf geht. Die unerschütterliche Haltung des Gerichts und das absolute, Josef K. unbekannte Gesetz, auf das es sich beruft, lösen ein Gefühl der Unsicherheit in ihm aus. K. versucht zunächst, dieses Gefühl zu überwinden, indem er seine Schuld absolut verneint und gleich darauf nach Verbündeten sucht, die, wie er hofft, seine Unschuld bestätigen würden. Da ihm dies jedoch nicht gelingt, fühlt er sich immer mehr verunsichert und desorientiert, was zur Folge hat, dass er die

Anklage des Gerichts schließlich doch ernst nimmt. Ja, er muss sich am Ende sogar eingestehen, er könne sich nicht wirklich rechtfertigen, es sei denn, er würde sein ganzes Leben in Anbetracht ziehen. So gesehen ist Josef K.'s Kampf mit diesem Gericht « ein stehender Sturmlauf »[1], insofern er ihn in seiner juristischen Angelegenheit nicht weiter bringt.

Nichtsdestoweniger aber führt sein Kampf, anders gesagt sein kommunikatives Handeln mit den Vertretern des Gerichts, zu Fortschritten, d.h. zu Veränderungen in seinem Bewusstsein, denn seine anfängliche Gewissheit hinsichtlich seiner Unschuld weicht allmählich dem Zweifel und der Annahme, er sei vielleicht doch schuldig, wie er es zum Schluss scheinbar eingesteht. Dieser Vorgang ist deutlich auf die illokutionären und perlokutionären Effekte der Reden und Handlungen seiner Gesprächspartner zurückzuführen, die rückwirkend das Bewusstsein beeinflussen, das er von sich selbst hat. Franz Kafka versetzt seine Gestalt in diesem Roman in eine Grenzsituation, die von den Regeln des gewöhnlichen Verhaltens abweichen, und zwar insofern, als Josef K. hinsichtlich des ungewöhnlichen Gerichts und dem ihm unbekannten absoluten Gesetz so reagiert, wie eine Person normalerweise gegenüber dem gewöhnlichen Gericht und dessen Gesetzen reagieren würde.

Die pragmatische Analyse vom dynamischen Aufbau der Textsequenzen führt dem Leser eine existentielle und anthropologische Wahrheit vor Augen: Josef K. ist zu dem *geworden,* zu den ihn die Bedingungen des kommunikativen Handelns gemacht haben, er ist ein Anderer und eine Rückkehr ist unmöglich:

> Er war frei, als er dieses Leben wollte, jetzt kann er es allerdings nicht mehr rückgängig machen, denn er ist nicht mehr jener der es damals wollte[2].

Die pragmatische Analyse des literarischen Textes deckt somit das anthropologische Gesetz auf, demzufolge die Sprache als Instanz funktioniert mittels derer der Mensch sich seiner selbst und seiner Welt bewusst wird und sich in dieser Welt als der konstruiert, der er wird. Die Sprache ist, wie Arnold Gehlen es nennt, die Instanz bzw. der Dritte, der die Verbindung zwischen Bewusstsein und Handeln, zwischen dem Innen und dem Außen, herstellt:

> Die Denkmethode der bisherigen Psychologie besteht oft darin, den Charakter des Menschen von der Handlung loszulösen und ihn in das « Innere » zu schieben, während man ihn doch tatsächlich an seinen « Äußerungen » abliest, an seinen Taten, Erfolgen, Mißerfolgen, Gewohnheiten und Interessen. Alle diese aber sind

---

[1] Franz Kafka: Tagebucheintragung vom 20.11.1911; in einer späteren Tagebucheintragung vom 23. Januar 1922 nimmt Kafka diese Bedeutung wieder als « stehendes Marschieren » auf. Die Struktur dieser Oxymora ist die der einer Endlosschleife gleichenden orientierungslosen Bewegung. Die anfängliche zielstrebige Vorwärts-bewegung des Protagonisten kippt schließlich um in ein totales Verharren und in Stagnation, ohne dass die erstrebte Veränderung der Ausgangssituation erreicht würde.

[2] Franz KAFKA: *Beim Bau der chinesischen Mauer und andere Schriften aus dem Nachlaß,* Fischer Tb 12446, Kritische Ausgabe, Frankfurt a.M.1994, S. 212.

durch *Stellungnahmen* hindurchgegangen, die teils der einzelne dauernd zu sich selbst einnimmt, und die andererseits seine Umgebung von frühester Jugend an gegen ihn geltend machte – erziehend und beeinflussend. Der Charakter eines Menschen enthält also immer das, was er *geworden* ist, und zwar *selbst* geworden ist (…)[3].

Dieser Analyse zufolge ist die Sprache der Vektor im Prozess der Bildung des Bewusstseins und der subjektiven Identität, die immer zugleich eine persönliche und soziale Identität ist. Das kommunikative Handeln, als pragmatischer Akt der Selbstbildung betrachtet, lässt eine zugleich kreisförmige und aufsteigende Bewegung erkennen, die derjenigen einer Spirale ähnelt. Bewusstsein, Gesten und Handeln des einzelnen Menschen sind dynamisch und kreisförmig miteinander verbunden, denn die Gedanken bringen die Handlungen hervor und die Handlungen die Gedanken, die in Anbetracht der Wirkungen, die sie auf andere Menschen und auf die soziale Umwelt ausüben, rückwirkend auch die eigenen Gedanken und die eigenen späteren Handlungen beeinflussen.

Kafkas Roman veranschaulicht die illokutionären und perlokutionären Wirkungen, die das kommunikative Handeln auf den Protagonisten ausübt, der dem Leser anhand der erlebten Rede sein Inneres offenbart. Die Gestalten, denen er begegnet, existieren nur in Bezug auf den Protagonisten und auf das Problem, das letzteren beunruhigt, denn die Erzählung konzentriert sich ausschließlich auf die Perspektive des Protagonisten. Obgleich die anderen Romanfiguren mit K. auch über sich selbst sprechen, wird die Entwicklung ihres Bewusstseins nicht dargestellt. In anderen Romanen kann das subjektive Bewusstsein von mehreren Figuren im Laufe der Fortentwicklung der Romansequenzen hindurch Thema sein. Solche Romane können dann die dynamische und kreisförmige Verkettung zwischen dem Denken und Handeln einer einzigen Gestalt und die daraus hervorgehenden Rückwirkungen und Veränderungen im subjektiven Bewusstsein der anderen mitbeteiligten Gestalten beschreiben, sowie die sich anschließenden Veränderungen im gesamten sozialen Beziehungsgeflecht.

Die hier an Hand von Kafkas Roman unternommene pragmatische Analyse lässt die Rolle des kommunikativen Handelns als den Ort erkennen, an dem sich das Verstehen von sich selbst und der mitmenschlichen Umwelt vollzieht. Diese Analyse ist keine Theorie, die die Priorität, sei es des Denkens oder des Handelns, herausstellen will. Sie will vielmehr zu erkennen geben, dass die Literatur als Werk des Menschen über den Menschen dem Leser vor Augen führt, dass das gesamte zwischenmenschliche Beziehungsgeflecht an Hand der Sprache die dynamische Basis für das Bewusstsein und das Handeln des Menschen ausmacht.

Darüber hinaus kann die pragmatische Analyse literarischer Texte mit Hilfe der hinzugezogenen literarischen Erzähltechniken veranschaulichen, was die pragmatische Analyse unseres alltäglichen Sprechens nur als Hypothese angeben

---

[3] Arnold GEHLEN: *Der Mensch*, a.a.O., S. 337.

kann, nämlich was in den Gedanken und im Bewusstsein einer anderen Person, hier der Romangestalt, vorgeht, welche Motivationen und Intentionen sie zu diesem oder jenem Handeln führen. So kann die Literatur mit Hilfe der epischen Distanz ganz konkret die Dinge darstellen, die wissenschaftlich anhand von konkreten Nachprüfungen nicht verifizierbar sind. Die von den Wissenschaften, wie der Pragmatik, der Philosophie oder der Linguistik usw. in Form einer logischen und abstrakten Theorie systematisch aufgelisteten Reaktionen und Verhaltensregeln können auf diese Weise erhellt und relativiert werden. Man könnte sagen, dass die Literatur eine um eine Stufe versetzte Begegnung mit sich selbst bewirken kann und dass sie eine Entdeckung des Selbst, seiner unbestimmten Struktur und Identität ist.

Die pragmatische Analyse eines literarischen Textes wie z.B. hier von Kafkas Roman, kann der Frage nachgehen, ob und wie die von der sprachpragmatischen Theorie aufgestellten Handlungsregeln von den Gestalten befolgt werden oder nicht. Sie kann aufzeigen, warum und wieso die Gestalten die Regeln verletzen, gegen sie verstoßen oder von ihnen abweichen. Auf diese Weise führt die pragmatische Literaturanalyse den Leser über den Bereich der Theorie hinaus und versetzt ihn in das praktische, soziale Alltagsleben. Gewiss, dieses Leben spielt sich in einer virtuellen, erfundenen Sprachwelt ab, doch diese Sprachwelt ist nichtsdestoweniger eine Welt, so wie wir sie auch in unsrer erlebten Wirklichkeit antreffen könnten. Sie richtet ihr Augenmerk nicht auf die Regeln als solche, sondern auf die subjektiven Beweggründe und die irrationalen Gefühle, Impulse und Entscheidungsprozesse, die die theoretische Erforschung des menschlichen Verhaltens nicht systematisch aufstellen kann. Der literarische Autor spielt gleichermaßen die Rolle des Repräsentanten und des Rechtsanwaltes der menschlichen Beweggründe und Bedürfnisse. Auf dem Umweg der erzählten fiktionalen Begebenheiten und durch das Medium des ästhetischen Vergnügens hindurch, das ein Werk bereiten kann, bietet der Schriftsteller dem Leser Zugang zu einem neuen, tieferen Bewusstsein des Menschen und seiner Welt, und so kann er das kritische Urteilsvermögen des Lesers über sich selbst und die anderen einer Neubestimmung zuführen:

> Die Kunst fliegt um die Wahrheit, aber mit der entschiedenen Absicht sich nicht zu verbrennen. Ihre Fähigkeit besteht darin in der dunklen Leere einen Ort zu finden, wo der Strahl des Lichts, ohne daß dies vorher zu erkennen gewesen wäre, kräftig aufgefangen werden kann[4].

---

[4] Franz KAFKA: « Oktavheft G » in: *Beim Bau der chinesischen Mauer*, Krit. Ausgabe von Hans-Gerd Koch, Fischer Tb 12446, Frankfurt a.M., 1994, S. 197.

Literaturverzeichnis

ADAMS, Jon-K.: *Pragmatics and Fiction*, J. Benjamins Publishing Company, Amsterdam, 1985.
ADORNO, Theodor W.: « Thesen zur Kunstsoziologie », in: *Ohne Leitbild. Parva Aesthetica*, Suhrkamp, Frankfurt a.M., 1967.
ADORNO, Theodor W.: « Lucien Goldmann – Theodor W. Adorno », Auszug aus den Akten des 2. Internationalen Kolloquiums zur Literatursoziologie, Royaumont, in: *Lucien Goldmann et la sociologie de la littérature*, hg. vom Institut für Soziologie der Universität Brüssel, Brüssel, 1975.
ADORNO, Theodor W.: « Aufzeichnungen zu Kafka », in: *Prismen. Gesammelte Schriften. Kulturkritik und Gesellschaft*, Bd. 10.1, Suhrkamp, Frankfurt a.M., 1997.
APEL, Karl-Otto: *Der Denkweg von Charles Sanders Peirce: eine Einführung in den amerikanischen Pragmatizismus*, Suhrkamp, Frankfurt a.M., 1975.
APEL, Karl-Otto Hg.: *Sprachpragmatik und Philosophie*, Suhrkamp, Frankfurt a.M., 1976.
APEL, Karl-Otto Hg.: *Charles S. Peirce. Schriften zum Pragmatismus und Pragmatizismus*, übersetzt von Gert Wartenberg, Suhrkamp, Frankfurt a. M., 1991.
ARISTOTELES: *Poetik*, übersetzt und hg. von Manfred Fuhrmann, Reclam UB 7828, Stuttgart, 1982.
ARMENGAUD, Françoise: *La* Pragmatique *[Die Pragmatik]*, PUF Coll. Que sais-je?, Paris, 1985.
AUSTIN, John L.: *How to do things with words. The William James Lectures delivered at Harvard University*, hg. von James O. URMSON, in: 1955 Clarendon Press, Oxford 1962; (dt. *Zur Theorie der Sprechakte*, Stuttgart: Reclam 9396).
BACHMANN, Ingeborg: *Frankfurter Vorlesungen. Probleme zeitgenössischer Dichtung*, R. Piper & Co., München, 1980.
BAKHTIN, Michail: *Probleme der Poetik Dostojewskis*, Ullstein Tb, Berlin, 1988.
BAKHTIN, Michail: *The dialogic imagination: four essays*, hg. von Michael Holquist, University of Texas Press, Austin, 2008.
BECKER, Sabine: *Literatur- und Kulturwissenschaft: ihre Methoden und Theorien*, Rowolth, Reinbek bei Hamburg, 2007.
BENJAMIN, Walter: « Illuminationen », in: *Ausgewählte Schriften*, Suhrkamp, Frankfurt a.M., 1969.
BERENSMEYER, Ingo: *Literary Theory: An Introduction to Approaches, Methods and Terms*, Klett, Stuttgart, 2009.
Daniel BERGEZ: Vorwort zu *Méthodes critiques pour l'analyse littéraire [Kritische Methoden zur Literaturanalyse]*, Nathan Université, Paris, 2002.

BRAVO, Fernandez, Hg.: *Lire entre les lignes: L'implicite et le non-dit,* deutsches Institut (LDS Langues – Discours – Société) Nr. 3/4, Asnières, 2003.
BÜHLER, Karl: *Sprachtheorie.* 3. Auflage. Lucius & Lucius, Stuttgart, 1999 (Nachdruck der 1. Auflage 1934).
CAMUS, Albert: *Le Mythe de Sisyphe. Essais,* Gallimard, La Pléiade, Paris, 1965.
CANETTI, Elias: *Der andere Prozeß. Kafkas Briefe an Felice.* Hanser, München, 1969.
COHN, Dorrit: *Transparent Minds. Narrative Modes for presenting Consciousness in Fiction,* Princeton, New Jersey, 1978.
DOSTOJEVSKIJ, Fedor M.: *Schuld und Sühne,* Insel Tb 969, Frankfurt a.M., 1986.
ECO, Umberto: *Das offene Kunstwerk,* Suhrkamp, Frankfurt a.M., 1973.
ECO, Umberto: *Semiotik und Philosophie der Sprache,* Fink, München, 1985.
ECO, Umberto: *Lector in fabula. Die Mitarbeit der Interpretation in erzählenden Texten,* Deutscher Taschenbuch Verlag, München, 1990.
ECO, Umberto: *Zwischen Text und Autor,* Hanser Verlag, München, 1994.
EAGLETON, Terry: *Einführung in die Literaturtheorie,* aus dem Engl. übersetzt von Elfi Bettinger und Elke Hentschel, Metzler Tb, Stuttgart, 2012.
EHRHARDT/HERINGER: *Pragmatik,* Fink, Paderborn, 2011 (UTB 3480).
FINE, Jonathan /SKUPIN, Sarah / WILLAND, Marcus: « Literaturwissenschaftliche Pragmatik: Geschichte, Gegenwart und Zukunft (sprach-) handlungstheoretischer Textzugänge; Heidelberger Meisterklasse: « Der Zweck der Werke », in: *Journal of Literary Theory,* de Gruyter, Homepage 2010,
Website: http://www.jltonline.de/index.php/conferences/issue/view/26, letzter Zugriff 12.11.2014.
FLUCK, Winfried, Hg.: *Pragmatism and literary studies,* Günter Narr, Tübingen, 1999.
FRANKE, Wilhelm: *Elementare Dialogstrukturen: Darstellung, Analyse, Diskussion,* Niemeyer, Tübingen, 1989.
FREUD, Sigmund : « Der Wahn und die Träume in W. Jensens *Gradiva* » und « Der Dichter und das Phantasieren » in: *Gesammelte Werke VII (1906-1909),* Fischer, Frankfurt a.M., 1941.
FRISCH, Max: *Stiller* (1954), Suhrkamp Tb 105, Frankfurt a.M., 1973.
GADAMER, Hans-Georg: *Wahrheit und Methode. Grundzüge einer philosophischen Hermeneutik (1960),* in: *Gesammelte Werke I*, Mohr, Tübingen, 1986.
GEBAUER, Gunter & WULF, Christoph: *Mimesis. Kultur – Kunst – Gesellschaft,* Rowolth Tb, Reinbek bei Hamburg, 1992.
GEHLEN, Arnold: *Urmensch und Spätkultur,* Athenäum, Frankfurt a.M. u.a., 1964.
GEHLEN, Arnold: *Zeit-Bilder. Zur Soziologie und Ästhetik der modernen Malerei*, Athenäum, Frankfurt a.M., 1965.
GEHLEN, Arnold: *Theorie der Willensfreiheit (1933),* Luchterhand, Neuwied s. M., 1965.

GEHLEN, Arnold: *Der Mensch. Seine Natur und seine Stellung in der Welt (1940)*, Athenäum, Frankfurt a.M., 1966.
GENETTE, Gérard: *Figures I,* Seuil, Paris, 1966.
GENETTE, Gérard : *Figures III,* Seuil, Paris, 1972.
GENETTE, Gérard: *Nouveau discours du récit,* Seuil, Paris, 1983.
GENETTE, Gérard: *Fiktion und Diktion,* übersetzt von Heinz Jatho, Fink, München, 1992.
GENETTE, Gérard: *Diskurs der Erzählung,* übersetzt. von Andreas Knop, hg. von Jochen VOGT, Fink, München, 1994.
GENETTE, Gérard *Palimpsestes. Die Literatur auf zweiter Stufe,* Suhrkamp, Frankfurt a.M., 2004.
GIRARD, René: *Mensonge romantique et vérité romanesque,* Grasset, Paris, 1961. Aus dem Franz. übersetzt Von Elisabeth Mainberger-Ruh: *Figuren des Begehrens. Das Selbst und der Andere in der fiktionalen Realität.* 2. Auflage. LIT, Münster, Wien, u.a. 2012.
GOETHE, Johann Wolfgang: *Gesammelte Werke,* Hamburger Ausgabe Bd. 12 « Kunst und Literatur », Beck, München, 1987.
GOETHE, Johann Wolfgang: *Wilhelm Meisters Lehrjahre (1795/96),* Buch I, Reclam Nr. 7826 [6].
GOETHE, Johann Wolfgang: *Faust I (1797),* Beck, München, 1991.
GOETHE, Johann Wolfgang: *Die Wahlverwandtschaften (1809),* Ausgabe Reclam, Stuttgart, 2005.
GREIMAS, Algirdas J.: *Sign, language, culture*, Mouton, The Hague (u.a.), 1970.
GREIMAS, Algirdas J.: *Strukturale Semantik: methodologische Untersuchungen,* Vieweg, Braunschweig, 1971.
HABERMAS, Jürgen: « Vorbereitende Bemerkungen zu einer Theorie der kommunikativen Kompetenz », S. 101–141, in: Jürgen HABERMAS und Niklas LUHMANN: *Theorie der Gesellschaft oder Sozialtechnologie,* Suhrkamp, Frankfurt a.M., 1971.
HABERMAS, Jürgen: « Notizen zum Begriff der Rollenkompetenz 1972», in: *Kultur und Kritik,* Suhrkamp, Frankfurt a.M., 1973.
HABERMAS, Jürgen: *Theorie des kommunikativen Handelns I und II,* Suhrkamp, Frankfurt a.M., 1981.
HAMBURGER, Käte: *Die Logik der Dichtung (1957),* Deutscher Taschenbuchverlag, München, 1987.
HINDELANG, Götz: *Einführung in die Sprechakttheorie,* Niemeyer, Tübingen, 5. neu bearb. u. erw. Aufl., 2010.
HUNDSNURSCHER, Franz: « Dialogmuster und authentischer Text» , in: HUNDSNURSCHER Franz/WEIGAND Edda, (Hg).: *Dialoganalyse,* Niemeyer, Tübingen, 1986.
INGARDEN, Roman: *Das literarische Kunstwerk,* 4. Auflage, Niemeyer, Tübingen ,1972.
ISER, Wolfgang: *Der Akt des Lesens,* UTB, München, 1976.

JAKOBSON, Roman: *Semiotik. Ausgewählte Texte 1919 – 1982,* hg. von Elmar Holenstein, Suhrkamp, Frankfurt a.M, 1988.
KAFKA, Franz: *Der Verschollene (1912),* nach der Krit. Ausgabe hg. von Hans-Gerd Koch, Fischer Tb 12442, Frankfurt a.M., 1996.
KAFKA, Franz: *Der Prozeß,* nach der Krit. Ausgabe von Hans-Gerd KOCH, Fischer Tb 12443, Frankfurt a.M., 1994.
KAFKA, Franz: *Beim Bau der chinesischen Mauer,* Krit. Ausgabe von Hans-Gerd Koch, Fischer Tb 12446, Frankfurt a.M., 1994.
KAFKA, Franz: *Zur Frage der Gesetze und andere Schriften aus dem Nachlaß,* Krit. Ausgabe von Hans-Gerd Koch, Fischer Tb 12447, Frankfurt a.M.,1994.
KAFKA, Franz: *Tagebücher Bd. 2, 1914 – 1923, Gesammelte Werke in zwölf Bänden,* krit. Ausgabe von Hans-Gerd Koch, Fischer Tb. 12451, Frankfurt a.M., 1994.
KANT, Immanuel: *Grundlegung zur Metaphysik der Sitten (1785),* hg. von Karl Vorländer, Meiner, Leipzig, 1922.
KÖPPE, Tilmann/WINKO, Simone: *Neuere Literaturtheorien. Eine Einführung,* Metzler, Stuttgart, 2008.
LÄMMERT, Eberhard: *Bauformen des Erzählens,* Metzler, Stuttgart, 1955.
LATRAVERSE, François: *La pragmatique, histoire et critique [Die Pragmatik, Geschichte und Kritik],* Pierre Mardaga, Brüssel, 1987.
LENZ, Siegfried: *Deutschtstunde (1968),* Deutscher Taschenbuch Verlag, München, 2004.
LENZ, Siegfied: Beziehungen. Ansichten und Bekenntnisse zur Literatur, Deutscher Taschenbuch Verlag, München, 1975.
LLOSA, Vargas: *La verdad de la mentiras [Die Wahrheit der Lügen],* Alfaguara, Madrid, 2002.
LOTMAN, S. Juri: *Die Struktur literarischer Texte,* übersetzt von Rolf-Dietrich Keil, Fink, München, 1973.
MARQUARD, Odo: « Der angeklagte und der entlastete Mensch », in: *Abschied vom Prinzipiellen*, Reclam, Stuttgart, 1995.
MEAD, George H.: *Mind, Self and Society*, University Press, Chicago 1934, (Deutsch: *Geist, Identität und Gesellschaft aus der Sicht des Sozialbehaviorismus,* Suhrkamp Tb 28, Frankfurt a.M., 1973).
MORRIS, Charles: *Writings of the general theory of signs,* Mouton, Den Haag, 1971.
MÜLLER, Michael: *Franz Kafka. Der Proceß,* Reclam: Erläuterungen und Dokumente, Stuttgart, 1993.
NIETZSCHE, Friedrich: *Genealogie der Moral* (1887, CG Neuman), Reclam, Stuttgart, 1988.
NIETZSCHE, Friedrich: *Menschliches Allzumenschliches (1886),* § 518, Insel TB 614, Frankfurt a.M., 1982.
PASCAL, Roy: *The Dual Voice. Free indirect speech and its functioning in the nineteenth-century European Novel,* Manchester, 1977.
POLITZER, Heinz: *Franz Kafka, der Künstler,* Fischer, Frankfurt a.M., 1965.

POULAIN, Elfie: *La recherche de l'identité sociale dans l'œuvre de Siegfried Lenz. Analyse de pragmatique romanesque*, Serie Etudes et Documents, Bd. 37, Peter Lang, Frankfurt a.M., 1996.
POULAIN, Elfie: « L'enfer du procès dans *Le Disparu* et *Le Procès* de Franz Kafka », in: Revue *Germanica. La Bible et la littérature au 20ème siècle,* Nr. 24/1999, S. 137–156.
POULAIN, Elfie: *Kafka. Einbahnstraße zur Hölle oder die unmögliche Selbstrechtfertigung des Daseins,* Metzler, Stuttgart, 2003.
POULAIN, Jacques: « La sensibilisation de la raison dans l'anthropologie pragmatique », in: *Critique de la raison phénoménologique. La transformation pragmatique,* hg. von Jacques Poulain, Cerf, Paris, S. 187–204, 1991.
POULAIN, Jacques: *La loi de vérité ou la logique philosophique du jugement,* Albin Michel, Paris, 1993.
POULAIN, Jacques: *De l'homme. Eléments d'anthropobiologie philosophique du langage,* Cerf, Paris, 2001.
POULAIN, Jacques: *Die neue Moderne*, Peter Lang, Frankfurt a.M., 2011.
PRATT, Mary Louise: *Toward a Speech Act Theory of Literary Discourse,* Stanford University Press, Stanford, 1975.
PROPP, Vladimir J.: *Morphologie des Märchens (1969),* Hanser, München, 1972.
RABOIN, Claudine: *Le récit de fiction en langue allemande,* ESKA, Paris, 1997.
RAVOUX-RALLO, Elisabeth: *Méthodes de critique littéraire*, Arman Colin, « U », Paris, 1993.
RÉCANATI, François: *Les énoncés performatifs,* Minuit, Paris, 1981 (engl. Übersetzung: *Meaning and force: the pragmatics of performatif utterances,* Cambridge University Press, Cambridge/New York, 1987).
RICŒUR, Paul: *Zeit und Erzählung,* 3 Bände, Fink, München, 1988.
RICŒUR, Paul: *Soi-même comme un autre,* Seuil, Paris 1990, (Dt. *Das Selbst als ein Anderer,* übersetzt von Jean Greisch, Fink, München, 1996).
RIFATERRE, Michael: *Strukturale Stilistik,* List, München 1973; *Fictional Truth,* John Hopkins University, Baltimore und London, 1990.
RORTY, S. Richard: « Nineteenth-Century Idealism and Twentieth-Century Textualism », in: *Consequences of Pragmatism,* University of Minneapolis Press, Minneapolis, 1982.
SAUSSURE, Ferdinand de: *Cours de linguistique générale (1959),* hg. von Charles Bailly, Payot, Paris, 1969.
SKIRBEKK, Gunnar & GILJE, Nils: « Die Krise der Moderne B- bei Martin Heidegger – durch die Dichtung », in: *Geschichte der Philosophie II*, Suhrkamp, Frankfurt a.M., 1993, S. 892–896.
SCHUSTER, Karl: *Mündlicher Sprachgebrauch im Deutschunterricht. Denken – Sprechen – Handeln: Theorie und Praxis*, Schneider, Hohengehren, 1998.
SEARLE, John R.: *Speech Acts. An Essay in the Philosophy of Language,* Cambridge University Press, 1969, (Deutsch: *Sprechakte: Ein sprachphilosophischer Essay.* Übersetzt von R. und R. Wiggershaus, Suhrkamp, Frankfurt a.M., 1971).

SEARLE, John R.: « The logical status of fictional Discourse », in: *Expression and meaning* (S. 58–75), Cambridge University Press, 1979 und in: *New Literary History,* Band 6, Nr. 2, John's Hopkins University Press 1975, S. 319–332; dt. Übersetzung von Andreas Kemmerling, « Der logische Status fiktionalen Diskurses », in: *Ausdruck und Bedeutung. Untersuchungen zur Sprechakttheorie,* Suhrkamp Tb Wissenschaft Nr. 349, Frankfurt a.M., 1982.
SEARLE, John R. & VANDERVEKEN, Daniel: *Foundations of Illocutionary Logic.* Cambridge University Press, Cambridge, 1985.
SIMONS, Oliver: *Literaturtheorien zur Einführung,* Hamburg, Junius, 2009.
STANZEL, Franz K.: *Typische Formen des Romans (1964),* Göttingen, 1987.
STANZEL, Franz K.: *Theorie des Erzählens (1979),* Göttingen, 1995.
STEIN, Achim: *Einführung in die französische Sprachwissenschaft.* 3. Aufl. - Metzler, Stuttgart, Weimar, 2010.
STAROBINSKI, Jean: *L'œil vivant II,* Seuil, Paris, 1970.
STIERLE, Karlheinz: *Text als Handlung,* UTB Fink, München, 1975.
TODOROV, Tzvetan: « Le principe dialogique », in : *Critique de la littérature,* Seuil, Paris, 1984.
TODOROV, Tzvetan: *Poétique de la Prose,* Seuil, Paris, 1992.
TODOROV, Tzvetan: *Mickail Bakhtine. Le prinicpe dialogique,* Seuil, Paris, 1981.
TODOROV, Tzvetan: *Critique de la critique,* Seuil, Paris, 1984.
TUGENDHAT, Ernst: *Selbstbewußtsein und Selbstbestimmung. Sprachanalytische Interpretation,* Suhrkamp, Frankfurt a.M., 1979.
VALERY, Paul: *Tel Quel,* Gallimard, Paris, 1941.
VANDERVEKEN, Daniel: *Foundations of speech act theory: philosophical and linguistic perspectives,* hg. von Savas L. Tsohatzidis, Routledge, London, 1994.
VANDERVEKEN, Daniel & SEARLE, John R.: *Foundations of Illocutionary Logic.* Cambridge University Press, Cambridge, 1985.
VOGT, Jochen: *Aspekte erzählender Prosa. Eine Einführung in Erzähltechnik und Romantheorie (1972),* 8. Auflage, Westdeutscher Verlag, Opladen/Wiesbaden, 1998.
WATZLAWICK Paul / BEAVIN Janet Helmick / Don D. JACKSON: *Menschliche Kommunikation (Pragmatics of human communication). Formen, Störungen, Paradoxien,* Huber, Bern u.a., 1985.
WEIGAND, Edda: *Sprache als Dialog. Sprechakttaxonomie und kommunikative Grammatik,* Verlag Niemeyer, Tübingen,1989.
WEINRICH, Harald: *Tempus. Besprochene und erzählte Zeit,* Kohlhammer, Stuttgart, 1971.
WUNDERLICH, Dieter: *Studien zur Sprechakttheorie,* Suhrkamp, Frankfurt a.M., 1976.
ZABKA, Thomas: *Pragmatik der Literaturinterpretation: theoretische Grundlagen - kritische Analysen,* Niemeyer, Tübingen, 2005.